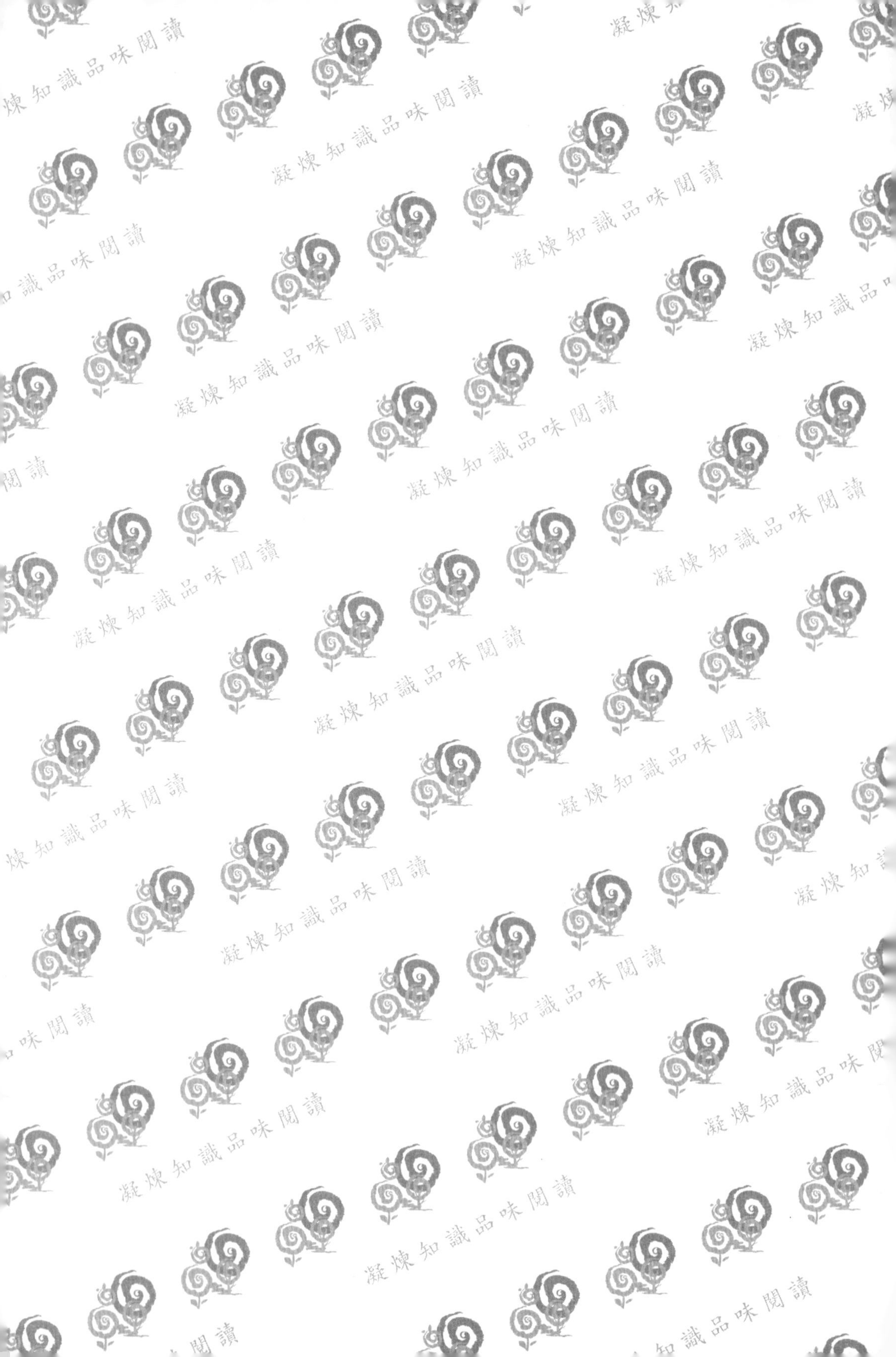

圖解系列

圖解 教育心理學

閱讀文字

理解內容

觀看圖表

圖解讓
教育心理
更簡單

吳俊憲
吳錦惠 編著

五南圖書出版公司 印行

作者的話

教育心理學是結合心理學和教育學的一門學科知識，它應用了心理學研究方法，探討師生互動的教學歷程與學習行爲，一方面建立系統化的學習理論和教學理論，另一方面也應用於解決教育實際問題。

本書共分13章，第1章說明教育心理學的基本概念。第2-7章探討發展心理學與教育，包含第2章身體發展與教育，第3章認知發展與教育，第4章社會發展與教育，第5章情緒發展與教育，第6章語言發展與教育，第7章智力（含思考和創造力）發展與教育。第8-10章剖析當代教育心理學的三大學派及其學習理論，包含第8章行爲主義心理學的學習理論、第9章認知主義心理學的學習理論、第10章人本主義心理學的學習理論。第11章敘述正向心理學的理論與應用。第12章闡明學習動機與教育。第13章探究教學理論與教學實踐，包含教學設計、教學目標、教學策略、教學評量及班級經營。

本書的最大特色，採「一頁文、一頁圖」的方式呈現，文字方面不採長篇論述，儘量條列重點敘述，圖表方面盡可能轉化複雜艱深的概念加以呈現，讓各階層人士更易於接受閱讀，並易於記憶理解。本書蒐集及整理的資料範圍，已盡可能網羅國內近年來最新的相關專書及文獻資料，相信可以幫助入門初學者和修習師資培育課程的師資生，全盤掌握教育心理學最基本的概念知識、原理原則、理論基礎和應用方式。

本書得以順利出版，要特別感謝五南圖書出版公司陳念祖副總編輯努力爲本書催生，以及李敏華責任編輯的用心校對和編輯。本書匆促成書，疏漏之處在所難免，尚祈方家不吝指正。

吳俊憲　吳錦惠

本書目錄

第 8 章 行為主義心理學的學習理論

第 9 章 認知主義心理學的學習理論

第 10 章 人本主義心理學的學習理論

第 11 章 正向心理學的理論與應用

第12章 學習動機與教育

第13章 教學理論與教學實踐

教育心理學的基本概念

章節體系架構

Unit 1-1　教育心理學的意義

Unit 1-2　近代教育心理學的發展（一）

Unit 1-3　近代教育心理學的發展（二）

Unit 1-1 教育心理學的意義

一、什麼是「心理學」

（一）心理學是探討人類行為與心智歷程的一門科學。

（二）現代心理學之父：W. M. Wundt

1875 年德國心理學家 Wundt（馮德）在萊比錫大學（University of Leipzig）建立了第一個心理學實驗室，從此，心理學研究不再依賴哲學思辨方法，轉向科學實驗方法來分析人類的心智結構。

（三）心理學的學門劃分

可細分為：生理心理學、知覺心理學、認知心理學、心理動力學、認知神經心理學、人格心理學、教育心理學、社會心理學、臨床心理學、工業與組織心理學、消費者心理學、犯罪心理學等。

二、什麼是「教育學」

（一）教育的意義

《說文解字》：「教，上所施，下所效也；育，養子使作善也。」教育是一種使人向上、向善的歷程和結果。

（二）教育學的意義

教育學是探討人類學習行為原理，並協助個人或團體朝向預定目標改變的歷程的一門科學。

（三）教育「學」之父：J. F. Herbart

德國人 Herbart（赫爾巴特，1776-1841），主張教育應以道德為先，注重學童的個別化教學，提出四個步驟的系統教學法（清晰、聯合、系統和方法），並首度在大學開設「教育」（pedagogy）這個學門，使教育成為一門嚴謹的學科。

三、什麼是「教育心理學」

（一）教育心理學的意義

教育心理學乃結合心理學與教育學基礎，屬於應用心理學的一個學門。

（二）現代教育心理學之父：E. L. Thorndike

教育心理學正式成為一門學科的名稱，始自 Hopkins（霍布金斯）出版《教育心理學》一書，之後，Thorndike（桑代克）在 1903 年也出版《教育心理學》，是促使教育心理學研究走向科學化的第一人。

（三）教育心理學的主要概念

R. E. Mayer（瑪依爾）認為教育心理學是探討在教學環境和學習者特性交互作用下，學習者認知成長的情形。張春興（2015）認為教育心理學研究旨在瞭解人性、改變人性，進而實現教育目的。綜合來說，教育心理學是應用心理學研究方法，探討師生互動的教學歷程與學習行為，進而解決教育實際問題，建立有系統的教學（或學習）理論。

（四）教育心理學的重要性

1. 師資培育機構將教育心理學列為基礎課程中的必修科目之一。

2. 學校教育改革和訂定教師專業標準，將教育心理學列為教師必備的知識和技能，例如：瞭解學生學習方式的個別差異、學習動機和學習策略等。

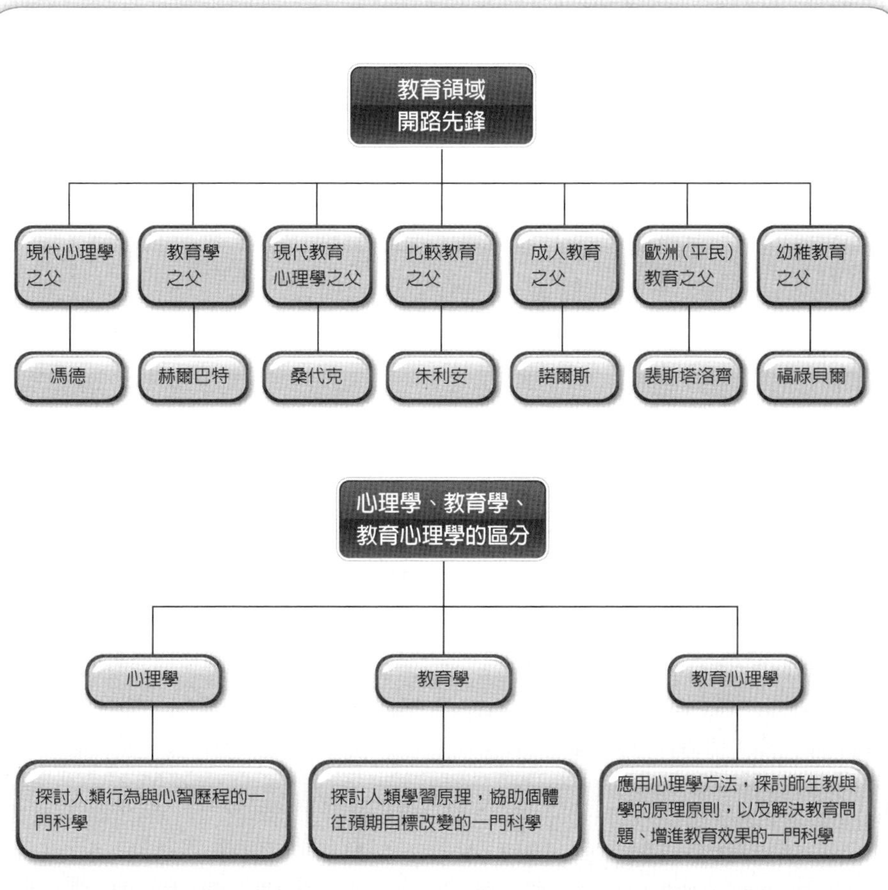

教育和教育學的比較

	時間	定義	關係
教育	有人類就有教育存在	東方：「教，上所施，下所效也；育，養子使作善也。」 西方：education 的字源，來自拉丁文 educare，養育或引出之意	教育是教育學的實踐場域
教育學	近一、兩百年出現有系統的理論研究	探討教育理論與實踐的一門學科	教育學是教育實施的原理原則

Unit 1-2 近代教育心理學的發展（一）

一、近代教育心理學的發展階段

（一）教育哲學階段。

（二）科學心理學階段。

（三）教學心理學階段。

（四）現代教育心理學階段。

二、各階段發展的概況

（一）教育哲學階段（18 世紀中期至 19 世紀末期）

1. **裴斯塔洛齊**（1746-1827）

(1) 倡導教育愛：視學校如家庭、教師如父母、學生如子女。

(2) 直觀教學法

①知識的直觀：引導學童透過感官去看、聽、找，所獲得的知識最牢固；知識教學要由具體而抽象、化繁為簡，並以具體實物為主。

②品德的直觀：重視身教，讓學生感受到教師的愛，就能激發學童自動學習的動機，而不是靠皮鞭或責罵。

(3) 重視個性發展：以種子萌芽來比喻教育的過程，強調個別差異與自然發展。

2. **赫爾巴特**（1776-1841）

(1)1806 年出版《教育科學》（The Science of Education）一書。

(2) 教育應以道德為先：道德教學以善意、自由、完美、權利、正義為基礎。

(3) 系統教學法：提出「清晰、聯合、系統、方法」四段教學法，後經弟子修改為「預備、提示、比較、總結、應用」五段教學法。

3. **福祿貝爾**（1782-1852）

(1) 創辦幼兒園（kindergarten）。

(2) 重視兒童團體遊戲：遊玩是學齡前學童的生活重心，而玩物應取自大自然。

(3) 以兒童為本位：要瞭解兒童心性，允許兒童自由活動，透過手工創造來引發潛力，訓練觀察力和鑑賞力，以及反省思考。

（二）科學心理學階段（19 世紀末期至 1950 年代）

1. **桑代克**（1874-1949）

(1) 最早經由動物行為實驗研究（貓在迷籠學習開門取食的實驗），而建立學習理論的人。

(2) 提出準備律、練習律、效果律及學習遷移等學習原理，並應用到教育上。

(3) 引發教育科學運動。

2. **史金納**（1904-1990）

(1) 根據「刺激—反應」的連結，提出操作制約的學習理論。

(2) 環境決定說：控制外在環境可以改變學習行為。

(3) 增強作用：正增強、負增強、後效強化。

3. **杜威**（1859-1952）

(1) 基本主張：教育即生活、教育即生長、學校即社會、教育無固定目的。

(2) 倡導民主教育與兒童中心：學校課程應符合學生興趣和能力，教學應以學生為中心，並鼓勵「做中學」。

(3) 引發進步主義教育運動。

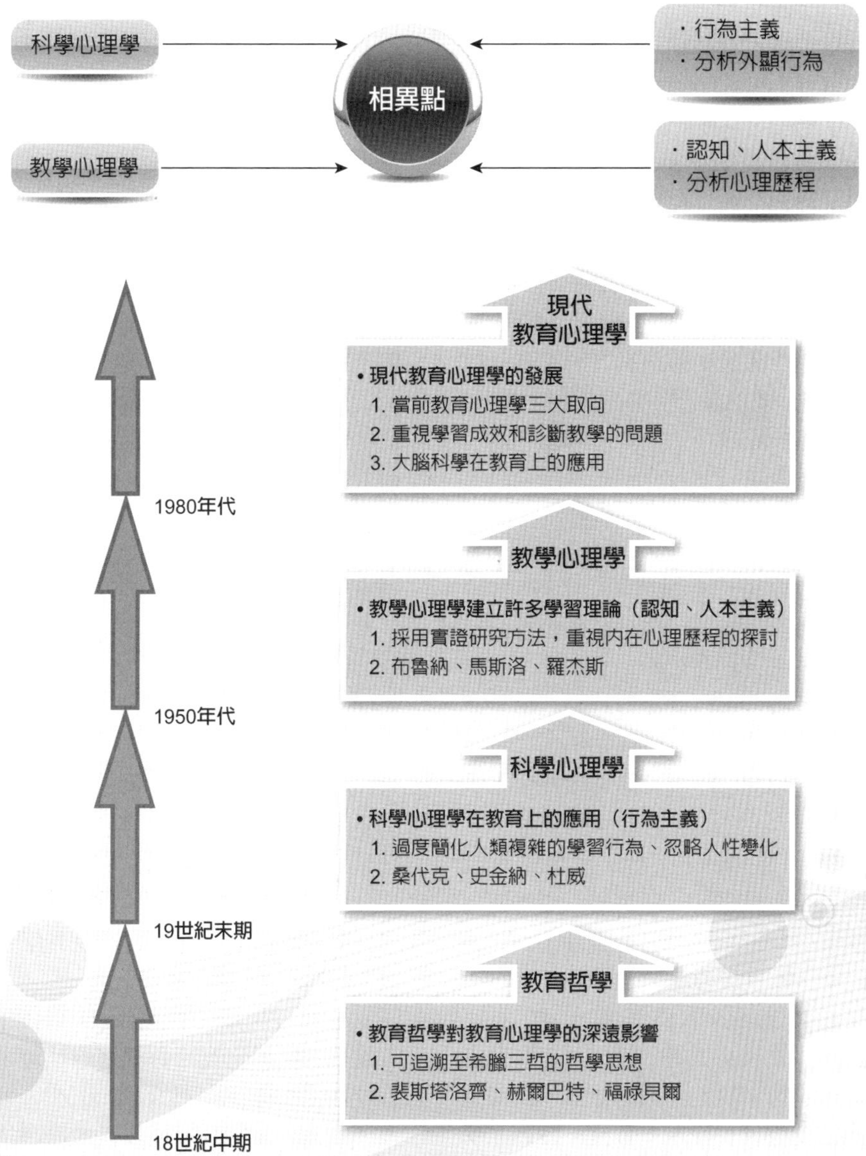

科學心理學 → 相異點 ← ‧行為主義 ‧分析外顯行為

教學心理學 → 相異點 ← ‧認知、人本主義 ‧分析心理歷程

現代教育心理學（1980年代）

- 現代教育心理學的發展
  1. 當前教育心理學三大取向
  2. 重視學習成效和診斷教學的問題
  3. 大腦科學在教育上的應用

教學心理學（1950年代）

- 教學心理學建立許多學習理論（認知、人本主義）
  1. 採用實證研究方法，重視內在心理歷程的探討
  2. 布魯納、馬斯洛、羅杰斯

科學心理學（19世紀末期）

- 科學心理學在教育上的應用（行為主義）
  1. 過度簡化人類複雜的學習行為、忽略人性變化
  2. 桑代克、史金納、杜威

教育哲學（18世紀中期）

- 教育哲學對教育心理學的深遠影響
  1. 可追溯至希臘三哲的哲學思想
  2. 裴斯塔洛齊、赫爾巴特、福祿貝爾

近代教育心理學發展概況

Unit 1-3 近代教育心理學的發展（二）

（三）教學心理學階段（1960-1980）

1. 教育工藝學的興起

視聽教具、教學機、編序教學、電腦輔助教學的設計與使用，實現個別化教學的理想。

2. 美國和蘇聯的國防競賽

1958 年蘇聯成功發射人造衛星史潑尼克號，激起美國提出《國家在危機中》文告，並倡導「恢復基礎學科運動」（back to basics），加強中小學讀、寫、算的知識教學。

3. 認知主義心理學的興起

(1)J. S. Bruner（布魯納）：1956 年出版《兒童思維之研究》，主張直接探討學生的心理而不再依賴動物實驗；1960 年出版《教育的歷程》，主張教學時的教材教法要符合學生認知結構，才有良好的教學效果；1966 年出版《邁向教學的理論》，主張教學必先瞭解學生的認知能力，才能產生有效的學習。

(2)U. Neisser（奈瑟）：1967 年出版《認知心理學》，使認知心理學成為顯學。

4. 人本主義心理學的興起

C. R. Rogers（羅杰斯）和 A. H. Maslow（馬斯洛）等人強調，人有自由意志去選擇和決定自己的行為，同時也對自己的選擇和行為負責任，因此，學生應被視為學習的主體，學習只能靠內發而不是外塑。

（四）現代教育心理學階段（1980 年迄今）

1. 當前教育心理學理論三大取向確立：行為主義、認知主義和人本主義取向。如何結合這三大取向的觀點，去解釋人為何接受教育？教育的內容是什麼？以及如何接受教育才有效？上述問題成為教育心理學重要的研究課題。

2. 學習理論的研究範疇，從外顯行為延伸到內在的知覺、記憶、思考、創造力、動機、情緒層面，重視全人化的教育。

3. 一方面關注學科和教學情境的研究取向，鼓勵教師從事行動研究，另一方面重視以研究為基礎的有效教學策略，強調增進師生互動、提升學習成效、診斷教學和補救教學等問題，也促使實務和理論研究做密切結合。

4. 致力於探討個體間和個體內的個別差異，希望弭平學習落差，達到「帶好每一位學生」之教育目標。

5. 以學習者為中心，探討科技輔助學習、多媒體融入學習設計及其學習成效之評估。

6. 21 世紀是一個資訊化、科技化、多元化、全球化及終身學習的社會，教育領域增加許多新興議題，例如：近年來開始探究大腦科學在教育上的應用，透過對大腦各種學習機制的瞭解，以科學實證來協助有效提升學習和教學效果。

Knowledge

知識補充站

裴斯塔洛齊的直觀教學法

裴斯塔洛齊出生於瑞士蘇黎士的一個醫師家庭，1774年起他召集一些窮苦無依的孤兒和流浪兒童，在自家住宅興辦一所貧童學校。這所學校的辦學與一般的孤兒院不同，因為它重視教學功能，並主張一切教育活動以愛為起點。他重視感官教學，主張直觀教學有三項要素：數、形、語，「讀」的基礎在「語」，「寫」的基礎在「形」，「算」的基礎在「數」。因此，人類的知識是依照「語」→「形」→「數」的次序所構成。

赫爾巴特的四段教學法

1.清晰：教學內容要讓學生清楚明白。
2.聯合：新觀念（或教材）要與舊觀念（或教材）互相連結。
3.系統：無論是新觀念或經驗，要幫助學生重新組織，形成新的體系觀念。
4.方法：幫助學生學到新觀念或經驗的能力。

齊勒（T. Ziller）與萊恩（W. Rein）修訂成為五段教學法

1.預備：先使學生回憶舊經驗，引起動機。
2.提示：提示新教材。
3.比較：與學生舊經驗相比較，分析異同點。
4.總結：獲得有系統的觀念和學習結果，達到建立原則之目標。
5.應用：將所得的結果作為解釋及吸收新觀念的基礎，並能應用學到的新原則去解釋事實或解決問題。

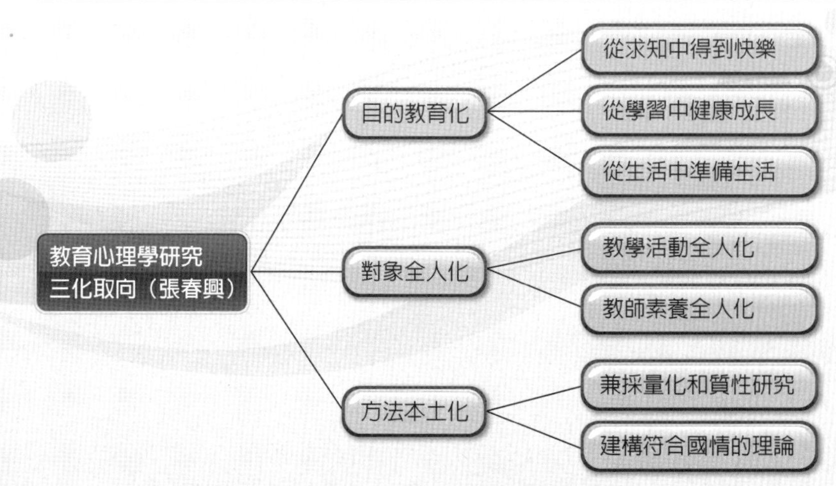
教育心理學研究
三化取向（張春興）
目的教育化
從求知中得到快樂
從學習中健康成長
從生活中準備生活
對象全人化
教學活動全人化
教師素養全人化
方法本土化
兼採量化和質性研究
建構符合國情的理論

第2章

身體發展與教育

章節體系架構

Unit 2-1 身體發展的意義與內涵（一）

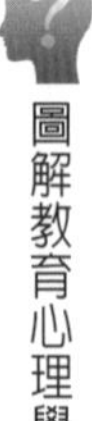

一、身體發展的意義

是指個體在生存期間，隨著年齡和經驗的增加，在身心兩方面產生變化的歷程。

二、身體發展的分期與特徵

（一）**產前期**：從受精到出生的期間。

（二）**新生兒期**：胎兒出生後到 1 個月。出生時會發出哭聲，新生兒的行為大都是反射性的，例如：眼睛遇到光線會自動收縮瞳孔，東西放在手中會自動抓握。這個時期之末，已開始能記憶幾分鐘前所發生事情。

（三）**嬰兒期**：1 個月到未滿 2 歲。此時期主要的發展是感覺動作協調及社會依附。

（四）**幼兒期**：2 歲到未滿 6 歲。此時期的發展重點，從一個自我中心的幼兒即將轉變成一個準備入學學習讀、寫、算，且行為能切合實際的兒童。

（五）**學齡（兒童）期**：6 歲到未滿 12 歲，進入小學就讀的時期。此時期兒童認知能力有顯著的發展，能學會分類、能同時考慮情境中的其他部分、能做簡單的抽象思考。

（六）**青少年（青春）期**：12 歲到未滿 18 歲，進入中學就讀的時期。此時進入青春期，性器官開始成熟，重視同儕社交活動，能做複雜的抽象思考。

三、身體發展的原則

（一）**連續性**：是一種循序漸進的過程。

（二）**階段性**：每一個階段都有不同的發展任務。例如：嬰兒期發展基本動作，幼兒期養成基本的生活習慣，兒童期發展強健的身體，青少年期施以適當的性教育。

（三）**不平衡性**：身體發展的速率呈現不一致模式，而非等速上升，例如：幼兒期是加速發展，兒童期是平衡發展，青春期加速發展，成年期是平衡發展。

（四）**相似性**

1. **由上而下**：由頭部發展到足部。
2. **由中心到邊緣**：由軀幹發展到四肢。
3. **由籠統→分化→統整**：例如嬰兒有抓握的能力，是先有手臂和手掌的籠統活動（全身大肌肉的發展），逐漸會利用手指間的聯繫出現捏的動作（局部小肌肉的發展），到最後才出現手眼協調的能力。

（五）**個別差異性**：身體的發展速率，會受到遺傳和環境等因素而出現快慢及差異。

四、個體的身心發展是連續性或階段性？

「機械論」者認為個體身心發展是由簡而繁的連續性，隨年齡增長而產生數量性的改變，例如：說話的語彙數量變多。「有機體論」者認為個體身心發展呈階段性，產生量的增加和質的改變，例如：從爬行到學會走路。「折衷論」者認為個體身心發展在連續中呈現階段性，不同階段的改變是受到遺傳和環境的交互作用影響。

身體發展的分期

產前期 → 新生兒期 → 嬰兒期 → 幼兒期 → 兒童期 → 青少年期

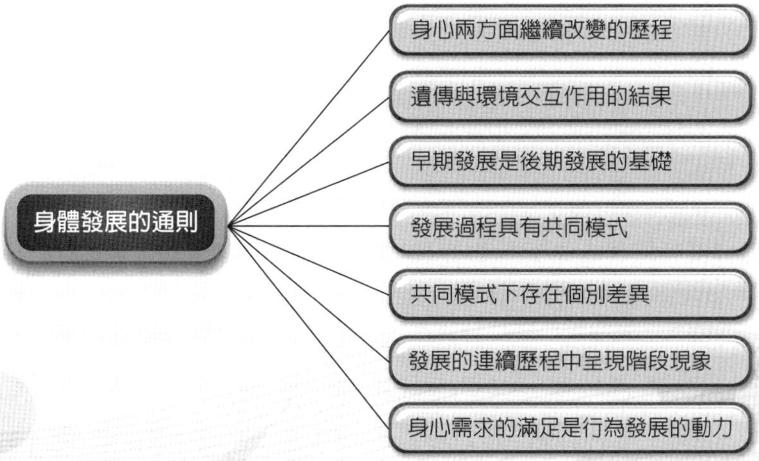

身體發展的通則

- 身心兩方面繼續改變的歷程
- 遺傳與環境交互作用的結果
- 早期發展是後期發展的基礎
- 發展過程具有共同模式
- 共同模式下存在個別差異
- 發展的連續歷程中呈現階段現象
- 身心需求的滿足是行為發展的動力

知識補充站

腦下垂腺

腦下垂腺又稱人體的內分泌腺之母，會分泌生長激素，能促進骨骼、結締組織和內臟的生長，使肌肉發達，分泌過少會導致侏儒症，分泌過多會造成巨人症。

Unit 2-2 身體發展的意義與內涵（二）

五、身體發展的條件

人的成長是遺傳與環境不斷交互作用下的結果。

（一）**遺傳**

1. 個體受精後，透過遺傳基因，父母的生理和心理特質可以傳遞給子女。

2. 19 世紀中期，英國生物學家達爾文（C. R. Darwin）提出物競天擇、適者生存的理論，指出遺傳的重要性。

（二）**環境**

1. 包括產前的母胎環境及後天的生長環境。

2. 美國心理學家華生（J. B. Watson）主張「教育萬能說」，他說：「給我一打健康的孩子，我可以訓練他們成為醫生或律師這類的專家，也可以成為乞丐或盜賊這類的人。」由此顯見環境的重要性。

（三）**遺傳與環境的交互作用**

1. 遺傳對特殊身心特質的影響較大，例如：天才、才藝及身體構造；環境對個人的語言、興趣、社會行為及抽象思考能力的影響較大。

2. 個體自生命開始，帶著父母的遺傳在環境中生長、發展；同樣的，任何成長中的個體，必須有適當的環境支持。

六、身體發展的影響因素

人必須學習才會成熟，但人的學習又往往需要依賴成熟程度而進行。

（一）**成熟**

1. 個體內在成熟因素的發展，例如：「坐→爬→站→走」等基本動作技巧。

2. 例如：雙腳成熟才能站立，這時期是成熟的重要性大於學習。

（二）**學習**

1. 學習是指個體因經驗而使行為產生持久性的改變，而環境中提供適當的外在刺激，可以增加學習的機會。

2. 例如：兒童的說話器官成熟後，語言發展的重要性是學習大於成熟。

（三）**成熟與學習的交互作用**

1. 兒童發展無法「揠苗助長」，必須等待心理和生理機能的成熟才可以學習，學習後又能促進心理和生理機能的成熟。例如：學習寫字，必先等手掌骨骼發育成熟後才練習，字才能寫得好，也不會妨礙手掌骨骼的發展；而且經常練習，又有益於手掌骨骼更加茁壯。

2. 個體愈幼稚，行為（例如：坐、爬、站、走）受成熟因素的影響愈大；個體較年長，行為（例如：說話、寫字）受學習因素的影響愈大。

七、身體發展的重要理論

（一）**銘印論**：勞倫茲（K. Lorenz）的實驗發現，小鴨出生後 14-17 小時會產生跟隨母親的行為方式，過了時機就不容易出現銘印現象，這說明了關鍵期的重要性。

（二）**進化論**：即達爾文提出物競天擇、適者生存的理論。

（三）**園丁論**：即自然預備狀態說，教學要考量兒童身心發展的成熟。

（四）**陶工論**：即加速預備狀態說，教學不應該被動地等待兒童身心發展的成熟，應主動提供有利於學習的條件。

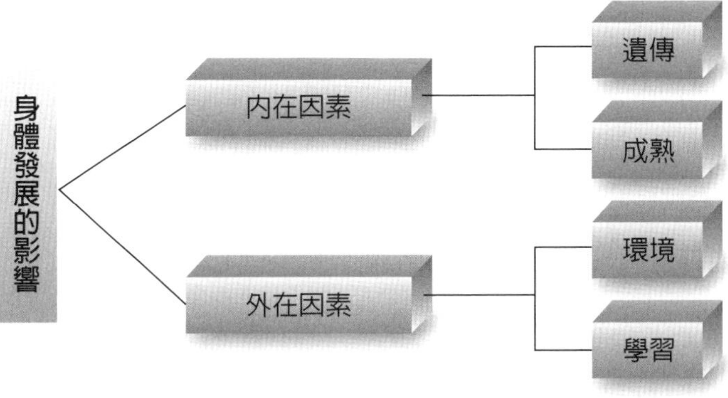

揠苗助長

注釋：用來比喻人急於得到功效，而方法不得當，反而壞事，與「欲速不達」同義。

例句：讀書需要按照步驟，如果只貪求功效，不過是揠苗助長而已。

知識補充站

Knowledge

銘印現象

勞倫茲藉由銘印現象提出個體成長有關鍵期的觀念，說明遺傳的影響力。但銘印也可視為環境的產物，如果環境中沒有可跟隨的物體，小鴨就不會產生跟隨的行為，一旦開始跟隨母親，也會偏好跟隨看起來和母親相似的物體，同時也說明學習的影響力。

揠苗助長

大衛・艾肯（David Elkind）出版《蕭瑟的童顏：揠苗助長的危機》一書，強調兒童身心和智力的發展皆有固定的順序和節奏，無法被強迫加速，希望打破「別讓孩子輸在起跑點上」的迷思，鼓勵父母要瞭解和尊重兒童的特殊需要，提早學習只會扼殺他們對知識學習的好奇心。

Unit 2-3 身體發展與教育

一、嬰兒期（0-2 歲）的身體發展與教養

（一）有健康的父母才有健康的嬰兒：孕婦應定期接受產前健康檢查；父母在生活上不應有不良習慣，例如：吸菸會危害胎兒發育，菸中的尼古丁和一氧化碳會導致胎兒發育不良、胎死腹中或產後死亡。孕婦飲酒會導致胎兒罹患胎兒酒毒徵候群，大腦功能受到傷害。

（二）初生兒的聽覺、味覺和嗅覺的發展相當完備，只有視覺敏感度較差。初生兒的動作表現大多是反射動作，目的在自我保護、攝食與保持身體平衡。例如：莫洛反射（Mora reflex）是初生兒遇到突然大聲時，會表現出兩手抖動及呼吸急迫。

（三）嬰兒獨立行走前的動作發展階段：扶持坐立（3 個月）→獨自坐立（6 個月）→爬行（8 個月）→扶物站立（10 個月）→扶持行走或爬樓梯（11 個月）→單獨站立（12 個月）→獨自行走（12 個月）→上樓梯（17 個月）。

二、學前期（3-6 歲）的身體發展與教學

（一）大肌肉的動作技能發展：走路、跑步、跳躍、投擲、單腳著地並保持平衡。小肌肉的動作技能發展：繫鞋帶、循線畫圈、使用餐具、扣解衣服鈕扣、照圖描繪、用剪刀剪紙。

（二）注重學前兒童的營養與健康，減少飲食中的脂肪和鹽、糖，避免幼年肥胖症，運動量要充足，少看電視。

（三）要遵守動作技能發展的順序和能力，也要重視兒童興趣，勿揠苗助長。

三、學齡期（6-12 歲）的身體發展與教學

（一）能自由支配自己的身體，跑步、跳躍和投擲等都能維持身體平衡；能學習學校設置的體操、球類、舞蹈和游泳等項目；手眼協調良好，能從事彈琴、寫字和繪圖等活動。

（二）家長和學校營養午餐要注意營養均衡，鼓勵兒童多運動，以減少肥胖症。學齡兒童看漫畫、打電動和看電視可能會造成近視發生，要注意用眼的距離並避免長期疲勞用眼。另外，也要提醒學齡兒童做好牙齒保健。

（三）提供適當的生理知識，建立正向的自我價值觀，並協助發展同儕友誼。

四、青少年期（青春期）的身體發展與教學

（一）女生約在 9-11 歲開始進入發育年齡，男生在 11-16 歲開始；女生約在 10-11 歲開始有月經，男生在 14-15 歲開始有夢遺；女生的第二性徵出現乳房隆起，男生開始長鬍鬚。

（二）身體早熟或月經早臨的女生，容易受到同學揶揄而產生焦慮和憂鬱症狀；身體晚熟或身材弱小的男生，容易產生自卑和依賴心理。這個階段的青少年容易因身心失衡而導致情緒困擾，需妥善引導。

（三）需施以良好的性教育，性教育 = 性生理知識 + 性行為 + 性態度 = 健全的人格教育。

身體發展的階段任務

嬰兒期	幼兒期	兒童期	青少年期
①學習瞭解語言	①基本動作及技能養成	①均衡與營養的飲食	①學業成就與升學
②學吃固體食物	②學習獲得各種的概念	②強健的身體與發育	②統合的自我認同
③發展基本動作	③養成基本的生活習慣	③充足的睡眠與作息	③良好的人際關係
④完成生理機能	④認識身體部位及功能	④視力的保健	④性角色與人格培養
⑤發展社會依附	⑤與親人同儕建立關係	⑤意外傷害的避免	⑤身心健全的發育

知識補充站

厭食症

暴食症

青春期的煩惱

青春期的青少年十分注重自己的外表，他們相信外表是展現異性吸引力的關鍵。但有些人會過度崇尚苗條的身材而焦慮到無法正常進食，進而影響身體發展。

1. **神經性厭食症**：是一種進食障礙類的精神疾病，平均發病年齡為17歲。患者擔心發胖而禁食、引吐、服用瀉藥、過量運動來減輕體重，甚至在明顯消瘦後仍認為自己太胖。
2. **暴食症**：患者持續性的快速過度進食，且無法自我控制，接著心理產生罪惡感而去催吐，以暫時紓解焦慮感。

下視丘、腦下垂腺和性腺

身體進入青春期後會快速成長並具有生育能力，身體趨於成熟主要是受到下視丘、腦下垂腺和性腺的影響。下視丘具有調節體溫、情緒、口渴、性慾、消化和循環作用。腦下垂腺會分泌生長激素、性腺激素和泌乳激素。性腺會促使睪丸分泌睪固酮，卵巢分泌動情激素。

認知發展與教育

章節體系架構

Unit 3-1 認知發展的基本概念

一、什麼是認知

認知（cognition）是指人類如何獲取知識的歷程，也就是人類如何從簡單的思想活動，逐漸複雜再到分化的過程。

認知是人們對事物知曉的歷程，也就是「知之歷程」，包含對事物的注意、分辨、理解、思考等複雜的心理活動。例如：解答一道數學應用題時，由閱讀文句到理解題意，找出已知條件到實際運算，再到核對結果的一連串思考活動。

二、什麼是認知發展

認知發展是指個體出生後，在適應環境的過程中，要認識各種事物以及解決問題情境，於是思考方式和能力表現會隨著年齡增加而逐漸改變的歷程。

三、認知的基本結構＝基模

基模（schema）是人類吸收知識的基本架構。幼兒剛接觸新環境時，會發展初期認識外在環境的基本模式，稱為基模。例如：「感覺基模」就是透過觸碰而學得火是熱的，其他還有「抓取基模」、「吸吮基模」等。

四、認知發展的影響因素

（一）同化

同化（assimilation）是指幼兒碰到一個新的事物時，會用自己既有的認知結構去認識這個事物，這是一種知識的類推運用。例如：幼兒看到小花貓，學到貓的基模，日後看到波斯貓也會稱牠為貓。

（二）調適

調適（accommodation）是指當新事物與幼兒原有的認知結構不相容時，幼兒必須改變原有的認知結構，來適應或學習外在環境事物。例如：原本幼兒可以用單手拿取乒乓球，當他發現拿的是一顆籃球時，他會改用雙手拿取這顆籃球。

（三）組織

組織（organization）是個體生存的基本能力，個體會運用多種感覺和動作來達到某種目的。例如：放一個會發出聲響的玩具在幼兒附近，他會運用聽覺和視覺去找到玩具放在哪裡，然後運用觸覺和抓取動作來取得玩具。

（四）適應

適應（adaptation）是指同化與調適取得平衡的歷程。人類認知的發展，就是基模、適應與平衡三個因素交互作用的歷程。個體在適應環境時，基模會連續不斷地交替出現失衡和平衡的狀態，每經歷一次失衡再平衡的狀態，基模就會改變並吸納更多知識經驗，於是個體的思考能力成長、智力提升。

（五）平衡與失衡

個體遇到新環境，心理狀態可能處於基模失衡的情形，這時個體會運用基模來認識新環境（組織），或透過同化或調適來適應新環境（適應），在不斷的失衡又平衡的經驗下，基模會產生改變，認知發展也更上一層樓。

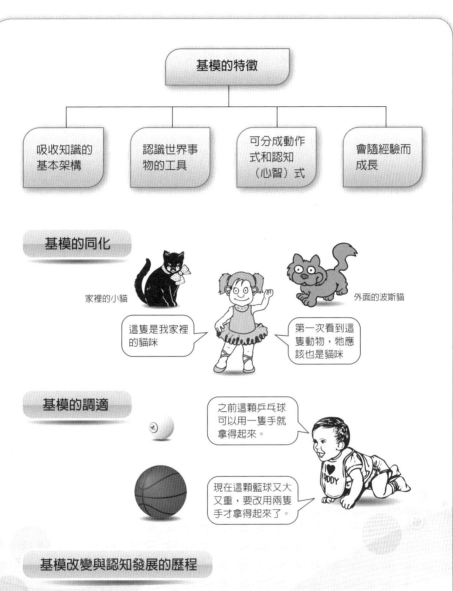

基模的特徵

- 吸收知識的基本架構
- 認識世界事物的工具
- 可分成動作式和認知（心智）式
- 會隨經驗而成長

基模的同化

家裡的小貓

外面的波斯貓

這隻是我家裡的貓咪

第一次看到這隻動物，牠應該也是貓咪

基模的調適

之前這顆乒乓球可以用一隻手就拿得起來。

現在這顆籃球又大又重，要改用兩隻手才拿得起來了。

基模改變與認知發展的歷程

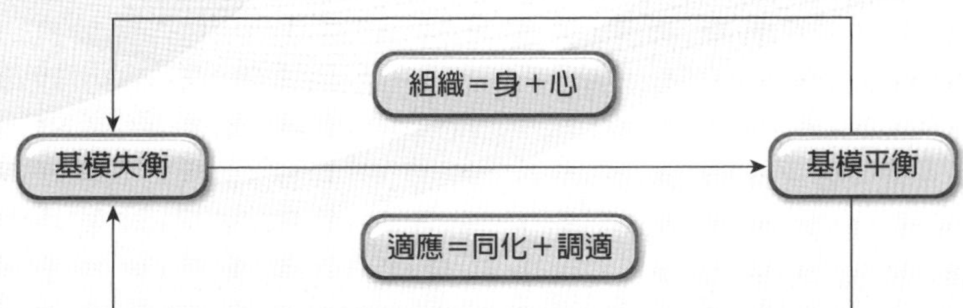

Unit 3-2 皮亞傑的認知發展理論（一）

一、重要觀點

瑞士學者皮亞傑（Piaget）強調內在的認知過程，兒童是主動積極適應環境的個體。

二、四個發展階段

皮亞傑認為兒童的認知發展可分成四個階段，出現的前後順序是不變的，不同階段的個體會出現不同的特徵。

（一）感覺動作期（大約 0-2 歲）

1. 會出現反射動作。

2. 靠吸吮與抓取來探索世界。

3. 具有「物體恆存概念」

(1) 雖然看不見，但不表示不存在，因為有「心像」存在。

(2) 是指當著嬰幼兒的面將物體藏起來，他知道這個物體仍然存在。例如：皮球在他的眼前滾到床底下消失了，他會主動去尋找。

（二）前運思期（大約 2-7 歲）

1. **已開始會思考**：但經常不合邏輯或不完整。

2. **會出現自我中心現象**：只想到自己，不考慮他人的不同看法（無法設身處地）。皮亞傑在「三山實驗」中，發現兒童以為對面的洋娃娃和他看到的東西是一樣的：「前面是一座高山，後面有兩座小山」，沒有考慮到從洋娃娃的立場來看待問題。

3. **會出現知覺集中（於單一向度）現象**：思考時一次只能集中於一種屬性，例如只看到物體的顏色、或形狀、或大小，而忽略其他特徵。舉例來說，讓兒童看兩個同樣大小的寬口杯盛同樣高度的水，然後將一個寬口杯的水倒進另一個窄口杯，結果會看到窄口杯中的水高度上升，這時問兒童：「哪一個杯中的水比較多？」處於前運思期的兒童會回答：「一樣多。」表示這個階段的兒童只注意到杯中水的高度，沒有注意到杯子的寬窄。

4. **不可逆性**：只會順向思考，不能逆向思考，無法做「原因－結果」的推理。例如：知道 8+6=14，但不能推知 14－8=6；或例如詢問小明：「你有沒有哥哥？」他回答：「有。」那麼再接著問：「你的哥哥有弟弟嗎？」他會回答：「沒有。」

5. **無法注意到物體的轉換過程，例如**：將等量的兩團黏土中的一團改變形狀，幼兒只注意到頭與尾的轉變，於是認為此兩團黏土已不相等。

（三）具體運思期（大約 7-11 歲）

1. 兒童已能使用具體的、熟悉的經驗或事物來進行思考（眼見為真）。

2. 去知覺集中現象：已學會多重思考，思考時能同時考慮事物的不同屬性。

3. 去自我中心現象。

4. 去不可逆性現象。

5. 具有加法性及減法性的概念。

6. 具有對稱及不對稱的概念。

7. 具有保留概念（conservation）。

8. 具有序列化思考能力：能按照物體某種具體的屬性（例如：長短、大小、粗細）加以排序和分類。

知識補充站

保留概念

兒童在面對物體的轉換過程時（例如：物體形狀、位置、方向改變時），能瞭解該物體的若干特性（例如：大小、長度、數量等）仍維持不變。例如：教導兒童A>B>C，兒童可以推理C<A。

保留概念的類別與發展順序

順序	類別	意義	發展年齡
一	數量保留	兒童對數量的多少，不受空間距離或排列方式的改變而增減的認知能力。	7歲
二	質量保留	兒童對物質的量，不受容器形狀的變換而增減的認知能力。	7-8歲
三	長度保留	兒童對物體的長度，不論其位置如何改變，其長度恆常不變的認知能力。	8歲
四	重量保留	兒童對物體的重量，不會因物體外形改變而增減的認知能力。	9-10歲
五	序列保留	兒童會將物體按大小、長短或輕重的不同，依序排列的認知能力。	10歲以上

保留概念的實驗

同一性：兩個刺激物外觀相同，轉變的過程中，既無增加也沒有減少。

可逆性：刺激物雖經改變，只要循相反方向思考，刺激物還原後還是一樣。

補償性：每個刺激物都有兩個測量的向度，一個向度改變，必然為另一個向度補足，兩者只是外型不同，本質仍然相同。

Unit 3-3 皮亞傑的認知發展理論（二）

（四）形式運思期（大約11歲以上）

1. 已能運用符號進行抽象的、複雜的、假設性的思考，並能進行邏輯推理來解決問題。

2. **具有「類包含」（主類裡面含有次類）思考能力**：能按照物體某種複雜或抽象的屬性加以排序和分類。例如：在具體運思期的兒童，可以輕易的回答出：「紅花多還是白花多？」但必須進入形式運思期的兒童，才會正確回答出：「紅花多還是花多？」

3. **具有假設演繹推理能力**：例如：兒童知道A>B，且B >C，推理而知A>C；甲比乙白，甲比丙黑，推理而知乙最黑；兒童會推知影響鐘擺頻率的因素是鐘擺臂的長短。

4. **具有命題推理能力**：兒童可以做出超越現實、幻想式的思考，或只要提供一個說明（或命題）就可以自行推理思考。例如：可以回答出下面問題：「如果我是一隻小鳥，我想怎樣過生活？」

5. **具有組合推理能力**：兒童在面對複雜問題時，會運用多元、系統化的思考方式來解決問題。

三、皮亞傑理論的貢獻

（一）確認兒童的心智具有內發性和主動性

1. 遺傳論者主張兒童心智成長依賴遺傳因子決定，經驗論者主張依賴後天環境塑造，但皮亞傑確認兒童自小就能主動求知並探索環境。

2. 皮亞傑肯定教育功能，認為只要適時施教，就能符合其需求、有效果。

（二）確認兒童的認知發展具有階段性和普遍性

1. 前後階段的區分是根據認知方式的差異，而不只是年齡，每爬升一個階段，代表的不只是知識上量的增加，還表示思考方式上質的改變。

2. 各階段的前後順序是固定的、漸進的。

（三）確認兒童認知發展階段成長速度不一

1. 個體的認知方式和成熟程度不一。

2. 皮亞傑確認同一個認知發展階段的兒童，在年齡上有差距（例如：具體運思期跨7-11歲），應採有教無類和因材施教的教育方法，把同年齡兒童編班在同年級的作法應予檢討（同年齡≠同年級）。

四、皮亞傑理論在教學上的參考價值

（一）瞭解兒童才能教育兒童：受到杜威進步主義兒童中心思想的影響，認為要對兒童教知識，就要配合不同階段的發展特徵。

（二）教材編排要適當：設計課程的難度，必須要配合兒童心智發展。

（三）班級教學有缺失：應針對個別差異實施個別化教學和補救教學。

（四）不應只看問題的對錯：兒童答錯問題時，可能不是他的思考有錯誤，而是因為思考能力不足或思考方式和成人不同所致，因此，教學要瞭解兒童如何思考問題的過程，而不是一味的追求標準答案。

人的認知發展

- 成熟因素 — 自然環境的影響 — 學習不能加速認知發展，所以不要提前教知識給兒童
- 學習因素 — 社會環境的影響響 — 1.語言學習 2.潛移默化的環境教育，更勝於知識教育

兒童心智成長的決定要素

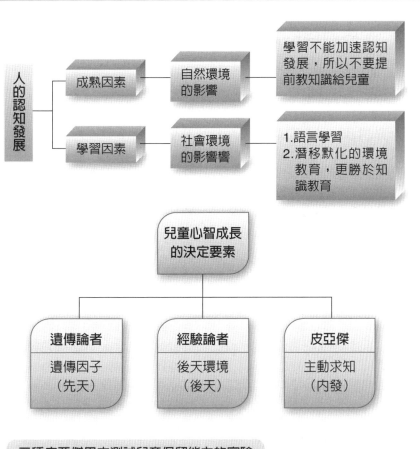

遺傳論者	經驗論者	皮亞傑
遺傳因子（先天）	後天環境（後天）	主動求知（內發）

三種皮亞傑用來測試兒童保留能力的實驗

1.液體體積的保留概念

一開始兩者相同

狀態改變後

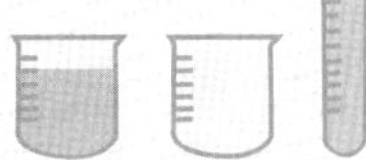

保留概念問題：這兩杯水一樣多嗎？還是有一杯水比較多呢？

2.數量的保留概念

一開始兩者相同

狀態改變後

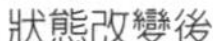

保留概念問題：這兩排的籌碼數量一樣多嗎？還是其中一排比較多呢？

3.質量的保留概念

一開始兩者相同

狀態改變後

保留概念問題：這兩塊黏土一樣多嗎？還是有一塊比較多？

Unit 3-4 皮亞傑的認知發展理論（三）

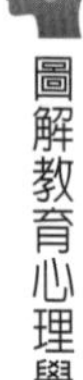

五、對皮亞傑理論的批評

（一）只重知識認知（知識建構），忽略「社會」行爲（社會建構）

1. 帶有生物化的傾向，無法解釋兒童認知個別差異的現象。

2. 皮亞傑的理論又稱為發生知識論，研究的是對環境事物的求知歷程，忽略對人際和道德規範的認識。

3. 未深入探究兒童社會行為發展。

（二）認知發展階段說容易有限制，每個兒童的成長階段應不相同

1. 皮亞傑主張對未成熟的動物是無法經由學習使之加速發展的（發展先於學習論點），但人與動物畢竟不同。

2. 人類的幼稚期比動物長，除了受到成熟因素影響外，學習因素是可以加速認知發展的，例如：語言就是學習而來的。

（三）各年齡組實際發展水平與理論不符合

1. 研究樣本太少。

2. 皮亞傑低估了兒童的認知思考能力，高估了青少年的認知思考能力。

3. 皮亞傑的研究來自實驗情境，沒有考慮到兒童的生活經驗（缺乏生活化）。另外，兒童對於環境變化或問題解決未必不知，只是受到語言的限制。例如：皮亞傑的「三山實驗」情境，驗證了兒童在前運思期階段不具有設身處地的思考能力，但如果把實驗情境置換成兒童熟悉的警察捉小偷的遊戲方式，事實證明兒童不用等到 7 歲就會有設身處地的能力。

（四）能力不等同表現

皮亞傑的實驗缺乏精密儀器做精確的測量，研究報告是來自兒童的「口語表現」，和真正的認知能力尚有一段差距，這一點成為後來後設認知研究的焦點。

六、新皮亞傑學派

後來興起的新皮亞傑學派（Neo-Piagetian）仍同意皮亞傑對發展階段與年齡範圍的劃分方式，但是對皮亞傑的理論作了以下修正：

（一）強調人類高層次的認知能力與動物的基本認知能力不同，並闡明語言、符號等對高層次認知能力的重要性。

（二）正視兒童生活在文化社會中的事實，並以社會文化的觀點來詮釋兒童的發展，因此倡導「學習先於發展」。

（三）應用於教學上，教師被視為主動促進兒童認知發展的角色，不再是被動等待的角色。教師教學時應經常與學生對話，以深入瞭解學生的生活經驗及所處的社會文化脈絡，並妥善加以運用。另外，也要鼓勵學生同儕互動，藉由教師或同儕的幫助來激發學生潛能，培養思考和解決問題的能力。

皮亞傑的三山實驗情境

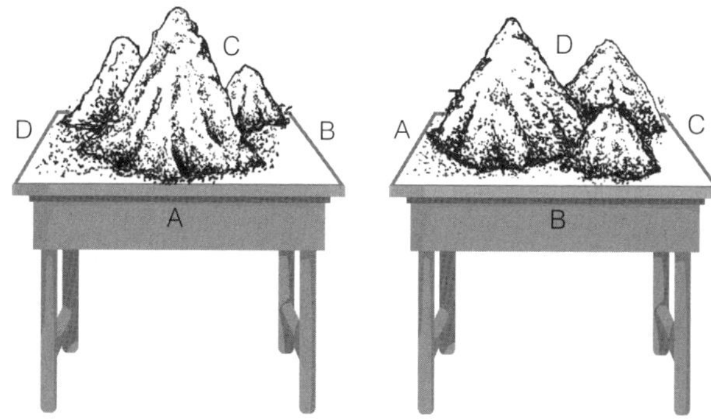

3歲的小明坐在位置A
洋娃娃放在位置C
實驗者問：你看到的三座山是什麼樣子的？
小明回答：前面是一座高山，後面有兩座小山。
實驗者問：洋娃娃看到的三座山是什麼樣子的？
小明回答：前面是一座高山，後面有兩座小山。
實驗證明：小明在前運思期階段，只會從自己的角度來看這三座山的關係（高低、大小和位置），不會從對面洋娃娃的角度來思考問題，帶有自我中心傾向。

警察捉小偷的實驗情境

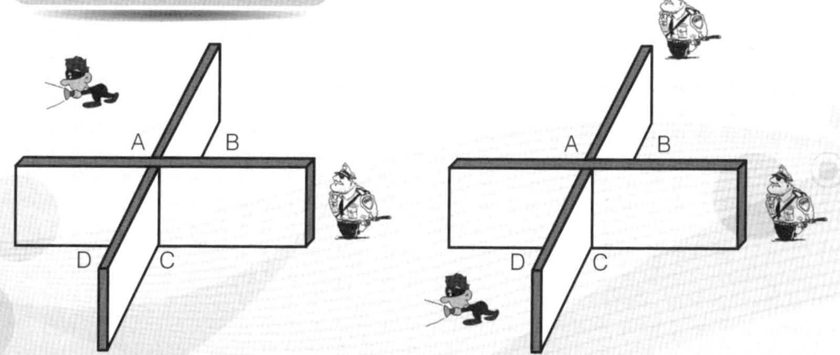

實驗者問：從第一張圖，你看小偷要躲在哪裡，才不會被警察發現？
小明回答：A和D的位置。
實驗者問：從第二張圖，你看小偷要躲在哪裡，才不會被警察發現？
小明回答：D的位置。
實驗證明：小明在前運思期階段，當實驗情境是兒童熟悉的遊戲方式，就已有設身處地的能力。

Unit 3-5 維高斯基的認知發展理論

一、重要觀點

（一）維高斯基（Vygotsky）認為兒童的認知是在社會文化當中（與他人互動分享）學習獲得的；由「社會—環境—文化」的觀點，來解釋兒童的認知發展過程。

（二）強調教育過程中，成人引導與同儕合作關係的重要性，這是一種雙向的互動關係，也與社會文化環境有密切相關。

二、理論重點

（一）語言溝通

1. 語言是社會互動與人際溝通的重要工具，也是思考的工具。

2.「自我語言」（類似喃喃自語／獨白）可以調和思考與行為，自己告訴自己該如何想、該怎麼做，可促進兒童的認知發展。

3. 嬰幼兒時期的語言發展（從部分到整體）和思考發展（從整體到部分）是分開的，透過自我中心語言的調和，會使得兩者合一，進而促進兒童認知發展。

（二）可能發展區（Zone of Proximal Development, ZPD）

1. **實際的發展水平**：個體能獨立解決問題的層次。

2. **潛在的發展水平**：在成人引導下或與能力較佳的同儕合作，所展現的能力層次。

3. **可能發展區**：是指「實際的發展水平」與「潛在的發展水平」之間的差距。

（三）鷹架行爲

兒童的學習就像建築物，社會環境需要提供必要的鷹架（scaffolding）或支援系統。例如：溫暖與回應、合作氛圍等。

（四）教育上的應用

1. 重視兒童的潛力，認為教學的最佳效果產生在可能發展區。

2. 不要只是配合學生的能力施教，而是要在學生超越已知的基礎下求知，所以提供給學生的教材難度會稍高於學生實際表現的程度，或安排和程度較高的學生一起學習，裨益於學習進步。

3. 適時輔導學生是教學的不二法門。不要把學生遺留在可能發展區，而是針對學生的學習困難，提供必要的協助（給予鷹架），等到學生能力逐漸提升，就逐漸減少協助（撤除鷹架）。

4. 日本東京大學佐藤學教授推動「學習共同體」，引發東亞各國的重視及參與推行，他的重要主張之一是導入「伸展跳躍」的學習，這是以維高斯基的可能發展區理論作為基礎，他認為學生的學習目標不能只設定在自己可以達到的水平，那會導致個人完全沒有成長，而是要設定在透過他人提供鷹架和協助後可以達到的水平，這個過程代表同儕互相對話和學習，學生透過觀察、聆聽、討論和模仿，吸收同儕的想法成為自己的想法，最後就能踩上踏板、往上跳躍。所以教師要讓學生挑戰比教科書內容更高層次的學習，引導學生在未知世界中去做更高遠的冒險，而不是在已知的世界裡做重複的練習。

皮亞傑與維高斯基理論的比較

	意義	影響要素
皮亞傑	認知發展是兒童獨自探索和建構知識的過程。	平衡＋失衡 成熟（發展先學習）
維高斯基	認知發展是兒童與社會互動、共同建構知識的過程。	社會文化互動

嬰幼兒自我中心語言的功能

嬰幼兒

語言發展（部分→整體）

思考發展（整體→部分）

自我中心語言

調和

促進認知發展

尋找可能發展區

我學會乘除法了！

可能發展水平

我只會加減法，不會乘除法。

實際發展水平

ZPD=成人或同儕協助

知識補充站

可能發展區在教學上的應用

在一個一年級的班上，老師教學生解答一道數學題：「買一枝筆要7元，一個橡皮擦要8元，合起來要多少錢？」老師發現小新無法成功解題，因為他會把問題中的兩個數量都逐一用手指來點數，如果問題中的兩個數量合起來超過10的話，他就無法解題。請問如何應用可能發展區來解決這個教學困境？【2007年教師資格檢定考】

解答：

方法一：請小新口中唸8，再配合七根手指點數9、10、11、12、13、14、15。

方法二：如果小新懂得10的分解和組合，就可以配合手指點數，教小新把問題拆解成8+2（由7拆出2）=10，再加上剩下的5，得到結果為15。

Unit 3-6 布魯納的認知發展理論

一、時代背景

（一）美國學者布魯納（Bruner）處於行為主義心理學相當盛行的時代，心理學研究是在實驗室中操弄白老鼠、狗、鴿子或黑猩猩等動物進行實驗，實驗結果再推論或用來解釋人類行為。但是在 1957 年蘇聯率先發射人造衛星後，激起美國中小學科學教育改革的聲浪。

（二）布魯納首先走出實驗室，主張要走進教室去研究兒童的思考行為和學習心理歷程，以及啟發兒童主動求知。

（三）布魯納主張「任何科目，都可以任何真實的形式，教給任何年齡的任何兒童。」他在 1960 年提出發現學習理論，認為教師應扮演「中介」角色，引導學生主動理解和學習新知識，而非被動接受知識的灌輸。

二、重要觀點

（一）布魯納提出「認知表徵論」，所謂認知表徵是指人類在面對周遭新的環境事物時，會透過動作知覺或圖像符號，將外在物體和事件轉化為內在心理事件的過程。

（二）他區分出三種認知表徵的發展階段：動作表徵、影像表徵及符號表徵。這個表徵系統的各階段並沒有明確的年齡劃分。各階段依序發展且平行並存的，也就是說，後一階段的認知模式發展出來後，前一階段仍繼續發生作用。

三、三個階段

（一）動作表徵期

約 6 個月至 2 歲，嬰幼兒時期會藉由動作（手觸、口嚐、啃咬）來認識周遭環境並獲得知識。例如：用手抓東西、用口咬東西，可以知道物體的軟硬和冷熱的感覺。相當於皮亞傑的感覺動作期。

（二）影像表徵期

約 2-3 歲以後，幼兒能運用視覺和聽覺去瞭解周遭事物。例如：使用記憶中的心像、圖片、照片，就可以知道西瓜大於蘋果，而不需要拿實物出來做比較。相當於皮亞傑的前運思期與具體運思期。

（三）符號表徵期

兒童思考已趨成熟，能使用文字、語言、數字、圖形等符號來代表所經驗到的事物和環境。例如：兒童知道 X>Y，Y>Z，兒童可以推知 X>Z。相當於皮亞傑的形式運思期。

四、布魯納理論在教學上的應用

（一）教師應激勵學生有主動學習的動機、興趣和好奇心。

（二）教師教學時要清楚呈現教材內容，應依照學生認知發展階段和順序來呈現。

（三）強調教材內容的結構，教師應有系統、有組織的安排教學活動，讓學生對教材達到精熟學習之目標。

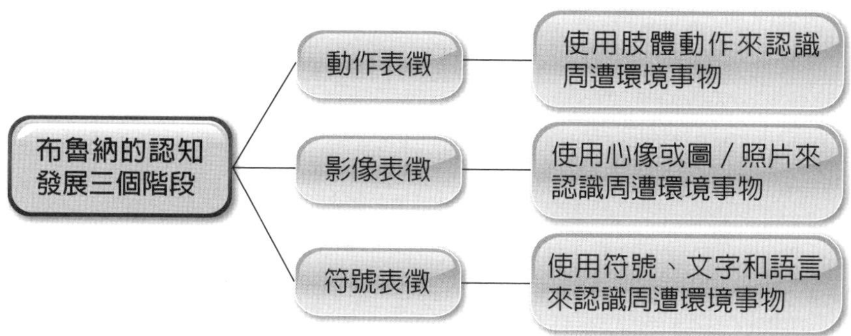

語文推理

請你運用推理聯想的能力，將前面句子裡兩個詞的語文關係，運用到後面的句子裡，使這兩組句子的語文關係，能夠前後呼應。

1. ______之於水果，好像母雞之於______。
   （A）青菜一公雞 （B）香蕉一家禽 （C）西瓜一雞蛋 （D）植物一動物。
   - 正確答案是（B）。
2. 水患一乾旱。
   （A）颱風一洪水 （B）地震一海嘯 （C）天災一人禍 （D）晴朗一陰雨。
   - 正確答案是（D）。

布魯納和皮亞傑理論的相同和相異處

相同點	
1.認知發展是個體和環境交互作用的結果。 2.發展階段有一定的順序。 3.認知發展是量的改變，也是質的增加。	
相異點	
布魯納	皮亞傑
1.認知發展的各階段是互相平行並存的（三期，沒有明確的年齡劃分，各階段能力是互補的）。 2.認知發展的影響因素兼重成熟與學習（學習可以促進成熟）。 3.重視心像對認知的影響。	1.認知發展的各階段明確劃分，有上下階層的關係（四期，有明確的年齡劃分，各階段能力是替代的）。 2.認知發展的影響因素在於成熟（成熟是循序漸進的，不可揠苗助長）。 3.忽略心像對認知的影響。

社會發展與教育

章節體系架構

Unit 4-1 社會發展的基本概念

一、社會發展的意義

（一）社會發展＝人格發展＝人格成長。

（二）社會發展是指由自然人到社會人，隨年齡增長而改變的歷程。

（三）社會發展是指自然人經由社會化，經由與社會環境中的人、事、物互動後，認識自己、瞭解他人，並學會合於社會規範（例如：待人接物、應對進退）的態度、觀念和行為。

二、社會發展的理論基礎

（一）佛洛伊德的人格發展理論。

（二）艾瑞克森的心理社會發展理論。

（三）皮亞傑與柯爾柏格的道德發展理論。

三、社會發展的教育意涵

（一）學校施以社會規範教學，屬於德育和群育的範疇。

（二）施教目的在培養學生由自知而知人，由自重而重人，由自愛而愛人。

四、社會行為發展的意義

（一）當一個人與社會環境接觸時，會與他人產生互動影響，產生人際間的生理或心理上的交互作用。

（二）達爾文（Darwin）主張物競天擇、適者生存，他認為人和動物天生就是合群的，是幫助個體生存的條件。

五、社會知覺的類型

社會知覺（social perception）是指我們如何看待自己及自己所處的社會環境，是建立人際關係的要素。

（一）偏見與歧視

是指對某些人或團體的刻板印象，例如：一般人會認為女生比較膽小愛哭，但通常與事實不符。

（二）責任分散與旁觀者效應

許多人在場，使每個在場者的責任感減低。例如：暗夜裡有一名女子在街上遇人追殺，有一位男士打開窗戶並高喊「放開他」，結果引起許多戶人家也跟著開燈、開窗觀看，但直到20分鐘後才有人打電話通知警察來制止這件刑案。探討原因顯示，不見得是都市人冷漠，而是目擊的旁觀者很多，總以為會有人打電話報警，造成責任分散而沒有人真正伸手援救。

（三）社會懈怠

又稱為社會浪費、社會閒散或社會遊盪，是指個人在團體中工作時，個人工作效率會隨團體人數增加而有下降的現象，無法發揮團體的最大潛能。簡單來說，一般人會以為「人多好辦事」，結果往往是「三個和尚沒水喝」，就像有人在大合唱團裡，嘴巴張得很大，卻沒有半點聲音。

（四）從衆行爲

是指個人在團體中受到社會規範、角色任務和道德標準的影響和壓力，擔心自己會與眾不同，結果造成個人容易放棄自己的想法，個人行為會傾向於跟團體行為一致。

（五）觀點（角色）取替

是指兒童發展出能站在他人的角度來看待事情的能力，也可以說是同理心。

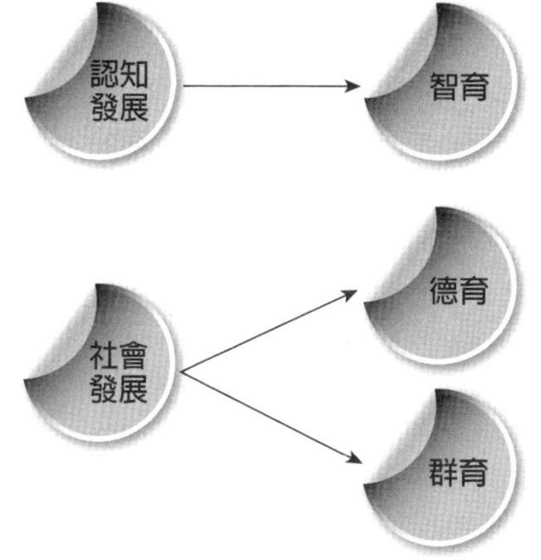

三個和尚沒水喝=社會懈怠

知識補充站

角色取替能力在教學上的應用

老師找不到小明，朝著遊戲場大喊：「小明，你在哪裡？」小明回答說：「在這裡！」老師又問：「在哪裡啊？」小明又說：「在哪裡，在這裡啊！」這表示小明尚未具有何種角色取替能力？（A）情感性角色取替能力（B）知覺性角色取替能力（C）認知性角色取替能力（D）社會性角色取替能力。【2008年教師資格檢定考】

解答：（B）

說明：

（A）情感性角色取替能力：能推估他人感覺到什麼。
（B）知覺性角色取替能力：能推估他人看到什麼。
（C）認知性角色取替能力：能推估他人想到什麼。
（D）社會性角色取替能力：能推估他人的心理特質。

Unit 4-2 佛洛伊德的人格發展理論（一）

一、佛洛伊德的簡介

佛洛伊德（Freud, 1856-1939）是奧地利的精神科醫師，創立精神分析論，認為人在幼年期（6 歲前）遇到痛苦的生活經驗，因壓抑得不到紓解，會造成長期的情緒困擾，最後變成人格異常。

二、性心理發展理論

（一）慾力（性衝動）是促進人格發展的內在動力。

（二）人格結構的三種成分

1. **本我**：與生俱來的，受到性慾驅使，符合享樂原則的「我」。人天生就會尋找滿足自己的需求。

2. **自我**：學習而來的，受到學習引導，符合現實原則的「我」。人會在現實環境的條件限制下，尋找滿足自己的需求。

3. **超我**：社會規範而來的，受到社會管制，符合道德原則的「我」。人會內化父母的告誡，做錯事會有罪惡感、會自我譴責，只好在社會規範下尋找滿足自己的需求。

（三）理論的兩項假定

1. 人有兩種基本的心理動機：性慾和攻擊。

2. 不被意識所接受的心理活動，會轉而被壓抑在潛意識。

三、人格發展五個階段

（一）口腔期：0-1 歲（口腔滿足）

嬰兒活動以口腔為主，嬰兒從吸乳及吮指獲得滿足。嬰兒的口腔活動如獲得滿足，長大後的性格會比較開放、樂觀及慷慨；若受到過多限制，可能會產生悲觀、依賴、被動、退縮、猜忌及仇視他人等性格。

（二）肛門期：1-3 歲（自我控制）

父母開始對幼兒實施大小便習慣的訓練，幼兒必須學習控制自己，因而犧牲掉部分的快樂和滿足。如果大人的訓練過於嚴格，幼兒可能會發展出冷酷、無情、頑固及吝嗇等性格，如果幼兒訓練成功得到誇獎，可能變成富有創造性及工作效率的性格。

（三）性器期：3-6 歲（性別認同）

兒童經常喜歡以手撫摸自己的性器官來引起快感。此時男孩會愛戀母親，女孩會愛戀父親，同性親子關係會因為爭寵而變得緊張或敵對。兒童為了害怕同性父母的報復，會轉而認同同性的父母，學習他們的價值觀與人格特質，並發展其適當的性別角色。

（四）潛伏期：6-11 歲（同性玩伴）

兒童會開始壓抑在性器期所產生的焦慮及性衝動，並將注意力轉向學業及玩樂。隨著兒童在學校習得更多問題解決的能力並內化社會的價值，自我與超我獲得進一步發展。此時，男女兒童在遊戲或團體活動中，多喜歡與同性者玩在一起。

（五）兩性期：11 歲以上（異性相吸）

12 歲以後進入青春期，由於生理上的變化，使個體產生與異性接觸的強烈慾望，於是年齡相仿的男女開始互相吸引，喜歡參加兩性互動的活動，而且在心理上逐漸發展成熟。

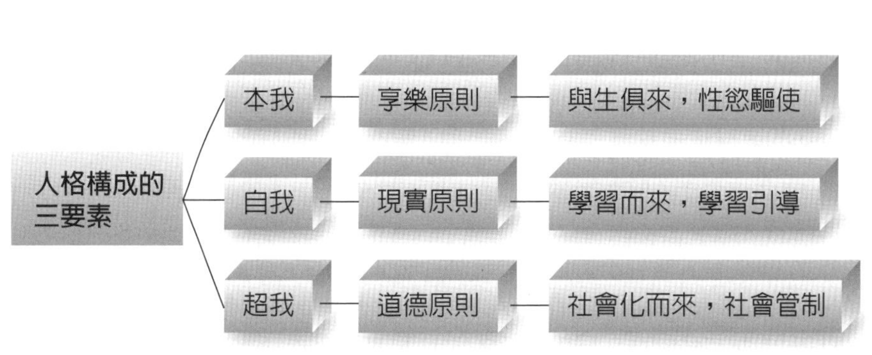

人格發展的歷程

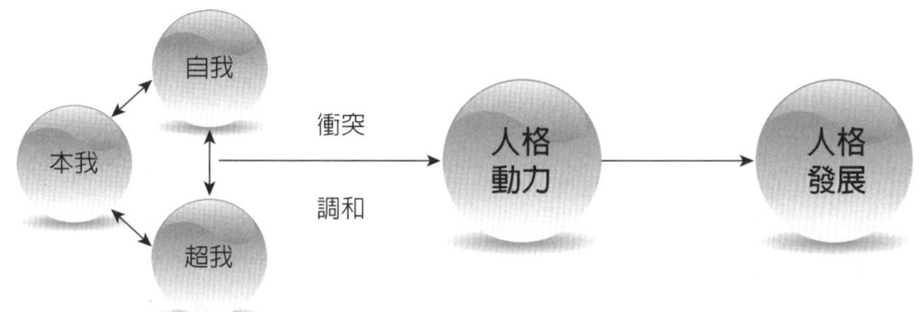

人格結構三要素與心理活動的關係

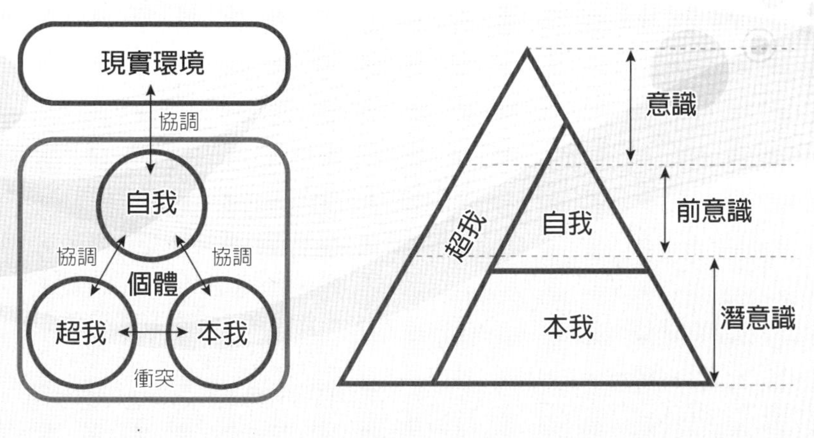

Unit 4-3 佛洛伊德的人格發展理論（二）

四、佛洛伊德理論在教育上的應用

（一）早年生活經驗會影響日後的人格發展和生活適應。

（二）人心是各種生物力量與本能互動的結果。

（三）早年母子（女）關係是影響子女人格發展與心理健康的關鍵。

（四）兒童的成熟須經過「分離─個別化」的歷程。

五、對佛洛伊德理論的批評

（一）研究對象是精神異常者，因此佛洛伊德的人格發展理論無法廣泛的推論到一般心理健康者的身上。

（二）認為性慾是人格發展的內在動力，這種「泛性論」的說法無法周延的解釋人性。

（三）「早期決定論」的說法有缺失，因為人格發展的歷程應該涵蓋人的一生。

六、新佛洛伊德主義（neo-Freudian）

（一）又稱為新精神分析學派，主要代表人物有阿德勒（Adler）、榮格（Jung）、荷妮（Horney）、弗洛姆（Fromm）和艾瑞克森等人。

（二）他們的某些觀點和佛洛伊德不同，比較強調自我功能及意識心智的角色對環境和經驗的解釋，他們懷疑性慾和攻擊是否能解釋人類所有的動機，取而代之的是探討社會文化在人格養成中所扮演的角色，並且認為人格發展乃是延續人生全程發展。

（三）**阿德勒的個體心理學**

1. **社會興趣**：人類是社會的動物，因此有追求歸屬感、希望被接納的需求，也對周遭環境感到興趣，願意成為社會整體的一部分，致力於追求人類最大的幸福。

2. **社會決定**：他認為人格的重心是意識，而不是潛意識，強調人是自我決定的個體，是命運的主宰者，所有行為都有其目的，因此分析一個人應從背後的動機開始探討，要教導孩子做出正確的抉擇，並看到有價值的一面。

3. **自卑與超越**：他認為每個人從小就有自卑感，但自卑感是一種正常現象，由於個人會不斷地試圖去克服自卑感，於是可以產生激勵、超越和創造力。

4. **家庭星座與生活方式**：他相信家庭是塑造人格最重要的場所，父母與子女在家庭中的關係如同一個星座，父母如日月，子女如星辰，父母的教養方式、兄弟姐妹的相處經驗及家人間的人際關係，構成一個獨特的家庭環境氣氛，也影響到個人的生活方式及人格發展。例如：長子（女）的人格特質比較會關懷他人，但也容易有依賴、權威、保守及悲觀的個性；次子（女）傾向對未來有希望、具競爭性及社會行為；中間子女較會發展出自憐自悲的個性、人際關係不佳；么子（女）常想有所突破、標新立異；獨子（女）可能會過度自我中心、依賴、固執、焦慮及尋求注意。

知識補充站

戀母情結 vs. 戀父情結

伊底帕斯情結（又稱戀母情結）來自希臘神話王子Oedipus的故事，相傳他違反意願，無意中弒父並娶了自己的母親。厄勒克特拉情結（Electra Complex，又稱戀父情結）來自希臘神話中Electra的故事，相傳因母親與其情人謀害了她的父親，故最終與其兄弟殺死了自己的母親。後來大多引用伊底帕斯情結來描述戀母和戀父兩種心理。

五大人格特質 Big Five

- **外向**：愛說話、好社交vs.沉默、保守
- **愉快**：親切、摯愛vs.冷漠、殘忍
- **良心**：負責、審慎vs.沒責任、輕率
- **神經質**：穩定、沉著vs.焦慮、暴躁
- **經驗開放**：創造力、聰慧vs.膚淺、粗俗

家庭星座影響人格發展

Unit 4-4 艾瑞克森的心理社會發展理論（一）

一、艾瑞克森的簡介

（一）艾瑞克森（Erikson）繼承佛洛伊德的理念，並加以修正，他不像佛洛伊德那麼強調「性」對人格發展的重要性，再加上社會文化因素，把人的一生分為八個發展階段，提出心理社會發展理論。

（二）艾瑞克森的理論被後人稱為「新佛洛伊德主義」。

二、艾瑞克森的理論觀點

（一）重視個體的心理社會發展歷程

他主張個人在一生的發展，乃透過與社會環境互動而形成。

（二）人生從出生到終老區分爲八個發展階段

在每個發展階段，都會因為個人身心發展與社會文化的要求不同，而遭遇到一些心理社會危機；但危機也是轉機，進而幫助個人發展出更好的適應能力及成長，並順利進入下一個階段。

（三）人格發展與父母的教養密切相關

在青春期以前的人格發展，與父母的管教、教養及關愛程度有密不可分的關係。

三、人格發展的八個階段

艾瑞克森認為一個人是否可以形成健康人格（或完整自我），在一生中需經歷以下八個階段：

（一）第一階段：0-1 歲

這個階段面臨的心理社會危機是「信任 vs. 不信任」，嬰兒須學會信任照顧者來滿足需求，主要照顧者是推動人格發展的社會動力。發展順利者，會對他人信任、有安全感；發展障礙者，面對新的環境事物時，會容易焦躁不安。

（二）第二階段：1-3 歲

這個階段面臨的心理社會危機是「自主 vs. 羞怯」，幼兒必須學會自主，能自己穿衣、吃飯、自理大小便等，父母是推動發展的社會動力。發展順利者，能表現出合乎社會要求的行為；發展障礙者，就會缺乏自信，做事容易畏首畏尾。

（三）第三階段：3-6 歲

這個階段面臨的心理社會危機是「自動 vs. 退縮」，兒童開始學大人的意見，但有時想做的事會跟父母或家人產生衝突，衍生罪惡感，因此他需要在自發性與他人利益之間取得平衡。發展順利者，凡事主動好奇、有責任感；發展障礙者，容易畏懼退縮、缺乏自我價值感。

（四）第四階段：6-12 歲

這個階段面臨的心理社會危機是「勤奮 vs. 自卑」，兒童必須學習課業及社會技巧，會跟其他同伴比較，教師和同儕是推動發展的社會動力。發展順利者，會獲得良好學業成績及人際關係，變得更有自信；發展障礙者，會變得缺乏基本生活能力，做任何事都感到挫敗。

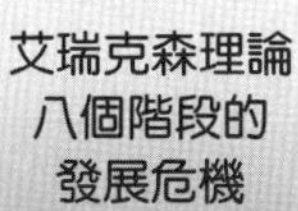

艾瑞克森理論八個階段的發展危機

0-1歲	1-3歲	3-6歲	6-12歲	12-20歲	20-40歲	40-65歲	65歲
信任vs.不信任	自主vs.羞怯	自動vs.退縮	勤奮vs.自卑	自我統合vs.角色混亂	友愛vs.孤僻	精力vs.頹廢	完美無缺vs.悲觀失望

發展危機

- 又稱常性危機，因為是正常現象
- 是指社會適應上產生的一種心理困難
- 既要調適自我成長，又要符合社會要求
- 不同年齡階段有不同的社會適應問題（危機）
- 發展危機也就是發展轉機

0-1歲嬰兒期
父母的照顧、安全和關愛 → 產生信任感

1-3歲幼兒期
吃飯、穿衣、大小便，喜歡自己動手，學會照顧自己 → 學會自主

3-6歲兒童期
喜歡說、喜歡問、有性別意識、會模仿認同、愛團體遊戲 → 培養自動自發的性格

Unit 4-5 艾瑞克森的心理社會發展理論（二）

（五）第五階段：12-20 歲

這個（青少年）階段面臨的心理社會危機是「自我統合 vs. 角色混亂」，此階段是兒童與成人的過渡期，青少年常問：「我是怎麼樣的人？」同儕團體是推動發展的社會動力。發展順利者，會產生明確的自我觀念和自我追尋的方向；發展障礙者，則會生活缺乏方向和目的，時感徬徨迷失。

（六）第六階段：20-40 歲

這個（成年人）階段面臨的心理社會危機是「友愛 vs. 孤僻」，此階段目標為建立友情和愛情，配偶、異性與同性的親密朋友是推動發展的社會動力。發展順利者，與人相處有親密感；發展障礙者，與社會疏離，時感寂寞孤獨。

（七）第七階段：40-65 歲

這個（中年人）階段面臨的心理社會危機是「精力 vs. 頹廢」，此階段個人的事業與工作達到高峰，並要負起養育下一代的責任，配偶、孩子及文化規範是推動發展的社會動力。發展順利者，會熱愛家庭、關心社會、有責任心；發展障礙者，會變得不問世事、缺乏生活意義。

（八）第八階段：65 歲以上

這個（老年人）階段面臨的心理社會危機是「完美無缺 vs. 悲觀失望」，老年人回顧一生會覺得活得快樂、有意義，或覺得浪費一生。個人一生的經驗，尤其是社會經驗，決定了一生最後的結果。發展順利者，安享晚年；發展障礙者，悔恨舊事。

四、艾瑞克森理論受重視的原因

（一）採社會適應觀點來探討一般人健康者的人格發展，且擴大至人的一生。

（二）對當今社會變遷快速造成新生代適應困難、犯罪率增加的問題，提供了最佳解釋。

五、艾瑞克森理論在教育上的應用

（一）教育新生代在面對各種發展危機時，化危機為轉機，並進而提升自我成長的能力，以適應社會變遷。

（二）父母和教師要施以適當的家庭和學校教育，使教育成為新生代人格發展的助力而非阻力。

（三）改進教育理念，配合人的心理社會發展需求，以實現全人教育的理想。

（四）國中小階段，要提供給學生較多的學習成功經驗，幫助學生建立良好的自我概念。

（五）青少年階段，要幫助學生解決自我統合和角色混淆的危機，就會多給予尊重，培養責任心，增進合作精神，並協助規劃生涯發展。

六、對艾瑞克森理論的批評

（一）並非所有人都會在相同時間點體驗到艾瑞克森所說的危機。

（二）「階段說」用年齡來劃分，可能會與實際狀況不符合。

（三）艾瑞克森沒有解釋人是「如何」或「為何」從一個階段發展到另一個階段。

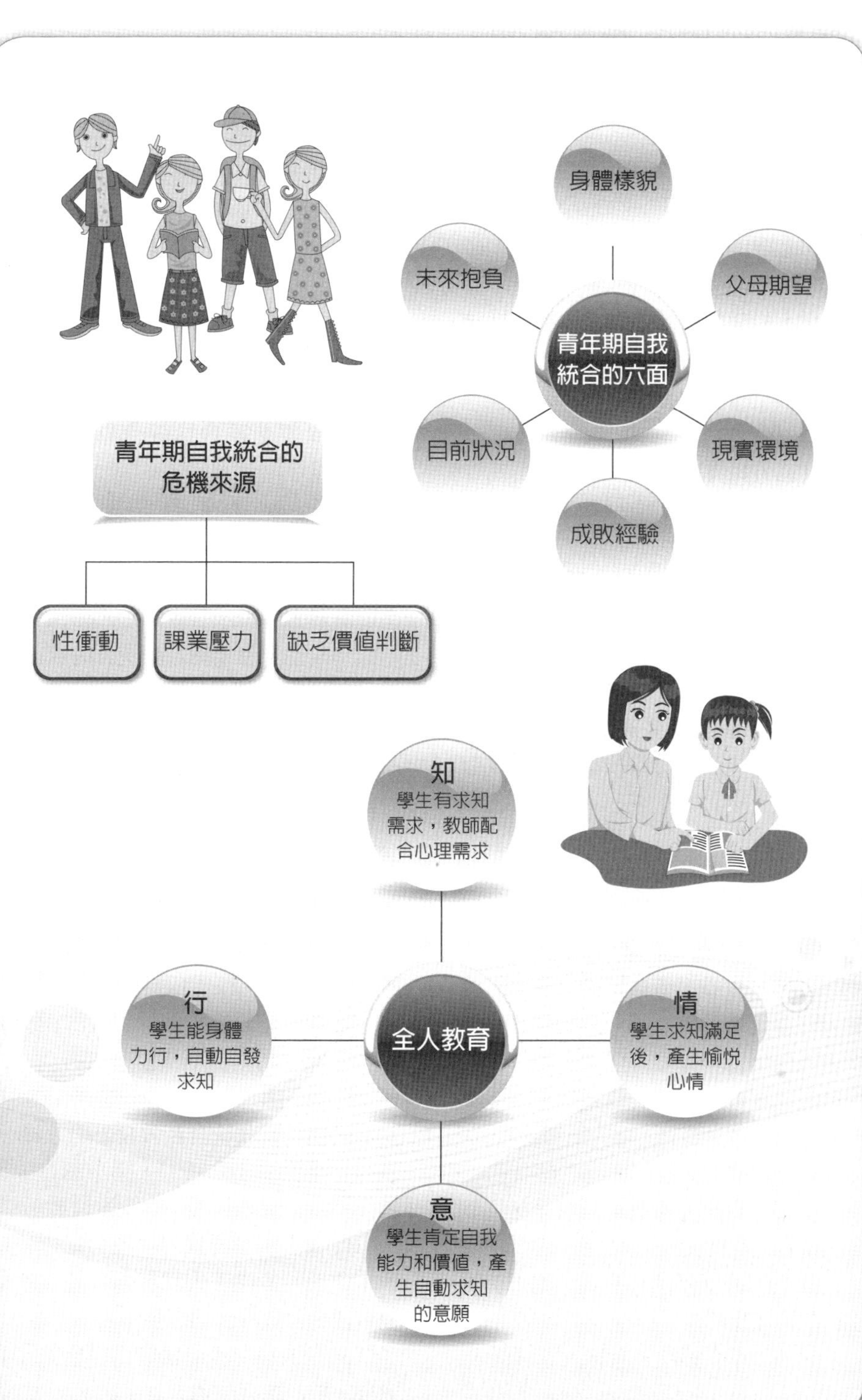
身體樣貌
未來抱負
父母期望
青年期自我統合的六面
目前狀況
現實環境
成敗經驗
青年期自我統合的危機來源
性衝動
課業壓力
缺乏價值判斷
知
學生有求知需求，教師配合心理需求
行
學生能身體力行，自動自發求知
全人教育
情
學生求知滿足後，產生愉悅心情
意
學生肯定自我能力和價值，產生自動求知的意願

Unit 4-6 艾瑞克森的心理社會發展理論（三）

七、艾瑞克森與佛洛伊德理論的比較

（一）相同點

1. 都強調兒童早期經驗對人格影響的重要性。

2. 人格發展理論都呈現階段性和連續性。

3. 人格發展的每個階段都有關鍵期與發展危機。

（二）相異點

1. **研究對象**：正常人（艾氏）vs. 異常人（佛氏）。

2. **發展階段**：八階段（艾氏）vs. 五階段（佛氏）。

3. **發展動力**：自我成長與社會要求（艾氏）vs. 性慾衝動（佛氏）。

4. **教育涵義**：需幫助兒童自我成長並能將所遇到的心理社會危機變成轉機，以適應社會變遷（艾氏）vs. 需重視兒童早年的感情經驗，及早疏導性慾的衝動（佛氏）。

八、青少年社會化的重要任務

青少年社會化是指青少年學習有效參與社會事務所需要的知識和技能，並能表現出恰當的行為，例如：遵守社會規範、建立責任心和義務感等。青少年社會化的任務主要有：

（一）學習成人可以獨立自主。

（二）形成完整的自我概念，達到自我統合之目標。

（三）適應「性」成熟，增進對性別的認識和瞭解。

（四）學習拓展友誼和人際關係。

九、青少年期的危機來源與自我統合

（一）青少年期的危機來源

1. 生理成熟，有性衝動的壓力和困惑。

2. 學校課業和考試的壓力和苦惱。

3. 缺少自我價值判斷，徬徨迷失。

（二）青少年期自我統合的面向

青少年期要自我統合以下六個面向，人格發展就會接近成熟：1. 自己的身材樣貌。2. 父母師長的期許。3. 過去的成敗經驗。4. 目前的學業和交友狀況。5. 現實環境的條件（例如：家庭）。6. 自己對未來的展望。

（三）青少年期自我統合的狀態

美國學者馬西亞（J. Marcia）研究發現，青少年自我統合有以下四類狀態：

1. **定向型統合**：能忠實評估、審視自己的能力與價值觀，做事不盲從、不固執己見。

2. **未定型統合**：對未來充滿不確定性而感到焦慮，同時也充滿期待。

3. **早閉型統合**：大人已為他們設定好目標和方向，缺乏探索精神。

4. **迷失型統合**：他們對大人設定的目標並不認同，也不積極尋找方向，抱持「今朝有酒今朝醉」的心態。

（四）自我統合在教育上的意義

1. 視青少年為成人，給予尊重，幫助他們設定明確且清楚的學習目標。

2. 青少年在尋找自我概念的過程中經常會感到焦慮，因此要幫助青少年避免自我統合危機，建立自信心。

3. 提供青少年適當的楷模作為學習對象，解決統合危機。

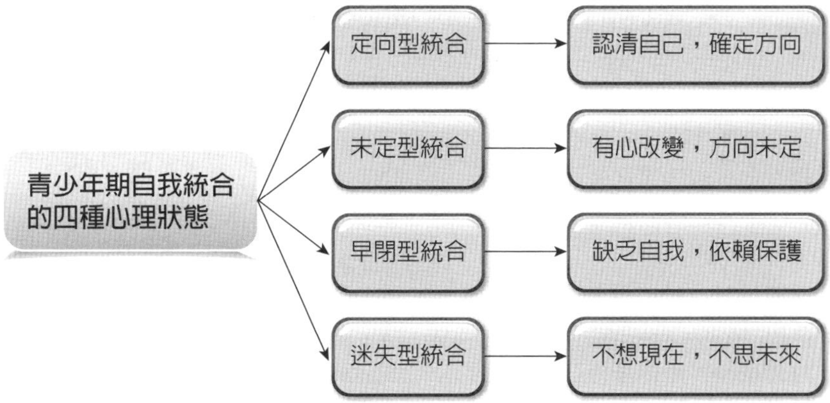

青少年期自我統合的四種心理狀態

- 定向型統合 → 認清自己，確定方向
- 未定型統合 → 有心改變，方向未定
- 早閉型統合 → 缺乏自我，依賴保護
- 迷失型統合 → 不想現在，不思未來

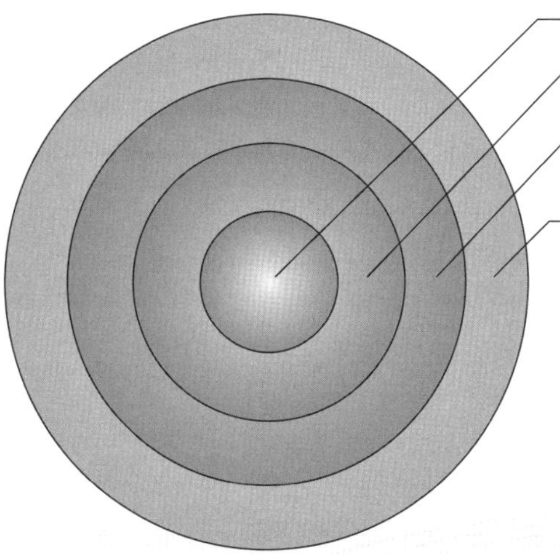

個人

小系統：父母、師長、同學

中系統：周遭生活環境

大系統：社會情境、文化價值

麻吉好友

知識補充站

生態系統理論與青少年期的教育意義

布朗費布納（U. Bronfenbrenner）提出生態系統理論，他定義環境就像一個巢狀結構，最內層是小系統，是青少年發展的動力來源，包括親子關係、師生關係和同儕關係；中系統是指家長工作環境、學校行政系統和兄姐的交友狀態等，可支持青少年發展更臻完善，也可能因為和個人價值觀差異太大而使得青少年感到壓力；大系統是指社會制度、文化傳統和傳播媒體等。

Unit 4-7 皮亞傑的道德發展理論

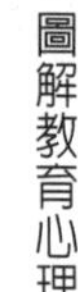

一、道德是什麼

（一）道德（morality）是一個人內在的心理傾向，會表現在外顯行為上，具有一致性和持久性。

（二）道德的內涵

1. **認知成分**：是指個人對情境的瞭解、分析和判斷的心智活動。

2. **行動成分**：是指個人在特定情境下所表現出來的行為。

3. **情感成分**：是指個人的好惡喜懼等情緒的表現。

二、品格是什麼

（一）品格（character）也可以稱為品行或品德，是指一種人類本質（含內在的態度和信念）、行為型態或行動習慣，它是用以衡量一個人道德修養的依據，或決定自己行為及其與他人關係的發展，可經由後天培養及教導而獲致，以合乎社會認同的規範。

（二）品格的構成要素

1. **知善**：瞭解善與惡，並能審慎地選擇對的事去做。

2. **覺善**：發展道德的情感及情緒，有能力去同情、尊敬和愛他人

3. **行善**：實際執行或行動。

三、皮亞傑的理論觀點

（一）重視道德發展，認為要培養學生具有道德觀念和道德行為，必須配合道德發展，無法經由教育訓練而獲得。

（二）皮亞傑從觀察兒童玩彈珠遊戲時發現，兒童對遊戲規則的遵守及瞭解，是隨年齡增長而改變的。

四、皮亞傑的道德發展三階段

（一）無律階段

1. 約 4-7 歲，不瞭解遊戲規則的意義，也不一定遵守遊戲規則。

2. 這個階段的兒童處於前運思期，兒童較偏向自我中心，缺乏服從規範的意識，無法從道德的觀點來評價幼兒的行為。

（二）他律階段

1. 約 7-11 歲，遵守遊戲規則，但不一定瞭解遊戲規則的意義。

2. 進入具體運思期的兒童，能遵守成人所訂的行為規範，但不一定瞭解。因此在判斷行為是非時，只根據後果大小，而不是主觀動機，例如：一名兒童不小心打破杯子，另一名兒童因為偷拿東西吃而打破杯子，會被視同「一樣壞」的行為。

3. 判斷道德行為的標準，是根據他人所設定的「外在標準」而定。

（三）自律階段

1. 約 11 歲以上，能瞭解遊戲規則的意義，但也質疑遊戲規則，喜歡自訂遊戲規則。

2. 進入形式運思期的兒童，能瞭解行為規範，也開始對成人所訂的行為規範產生質疑，甚至於喜歡自訂規範。因此兒童已能分辨不小心打破杯子與偷吃東西打破杯子的行為是不一樣的。

3. 皮亞傑認為兒童在 10 歲以後，判斷道德行為的標準，是根據自己所認定的「內在標準」而定。

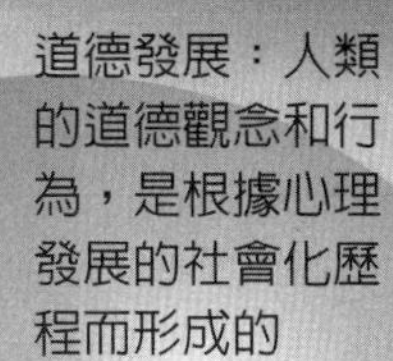

道德發展：人類的道德觀念和行為，是根據心理發展的社會化歷程而形成的

不等同

道德教育：人類的道德觀念和行為，是可以透過教育方法加以培養和訓練的

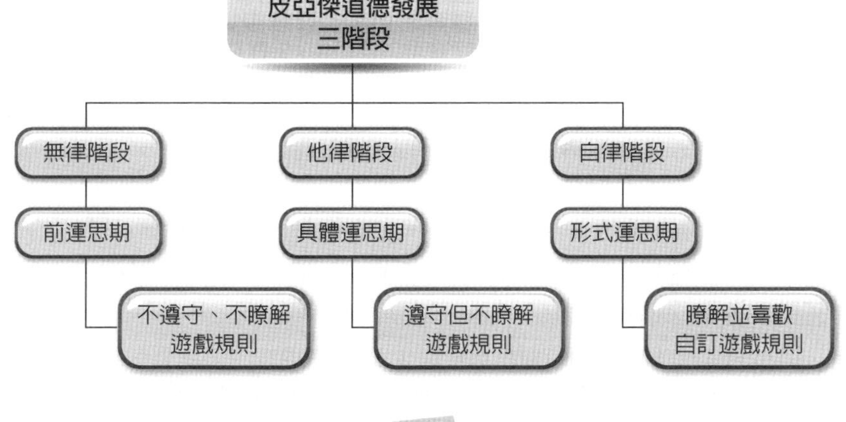

偷吃東西打破杯子

不小心打破杯子

都是一樣壞的行為

道德他律階段

兩個行為是不一樣的

道德自律階段

Unit 4-8 柯爾柏格的道德發展理論（一）

一、柯爾柏格的理論觀點

（一）柯爾柏格（Kohlberg）排除傳統上道德類分的觀念，他認為人的道德不是「有」、「無」的問題（某人有道德或無道德），也不是歸類的問題（甲先生誠實或乙小姐虛偽），而是隨年齡經驗的增長而逐漸發展的。

（二）道德認知可以經由教育加以培養的。

（三）人類的道德認知發展有一定的順序原則。

（四）可運用「道德兩難困境」的問題，來評價人類的道德發展。

二、柯爾柏格道德發展的順序原則：三期六階段

柯爾柏格劃分順序的標準是「習俗」，也就是經由社會大眾認可且有共識的社會習俗或社會規範，凡符合社會習俗或社會規範的行為就是道德行為，例如：裸體上街不合社會習俗，是違反社會道德的行為。

（一）前習俗道德期

年齡大約是學前幼兒園至小學中低年級，凡事只考慮到行為後果帶來的苦樂，或是否能滿足自己的需求。

1. 第一階段：避罰服從取向

行為動機：規避懲罰為首要考量。

典型反應：(1) 兒童缺乏是非善惡觀念，只為避免懲罰而服從規範；(2) 行為好壞依行為結果來評價，不考量動機。

2. 第二階段：相對功利取向

行為動機：以自身利益為首要考量。

典型反應：(1) 兒童在考慮任何問題都是以滿足自我為主；(2) 兒童行為會為了獲得酬賞而服從規範。

（二）習俗道德期

年齡大約是小學中年級以上至青年期，所作所為在家會符合父母期望，在學校會遵守校規，出社會後會守法。

3. 第三階段：尋求認可取向

行為動機：以獲得他人的認同（乖男巧女）、稱讚及情感為首要考量。

典型反應：(1) 兒童為獲取成人的讚賞而遵守規範；(2) 兒童會表現出符合成人期望的行為。

4. 第四階段：遵守法規取向

行為動機：以遵守規範、不妨害他人、不觸犯法律為首要考量。

典型反應：遵守規則，是為了避免觸法。

（三）後習俗道德期

年齡大約是青年期以後，理應發展出「有所為，有所不為」的獨立思考判斷，是非善惡的標準須合乎個人良心和價值觀，對於不合乎大眾利益和普世價值的社會規範，也會起而反抗。

5. 第五階段：社會法制取向

行為動機：強調互相尊重的義務與法律的基本精神，容許個人價值與法律的衝突。

典型反應：社會規範只要大眾有共識是可以改變的，正所謂「移風易俗」。

6. 第六階段：普遍倫理取向

行為動機：主張普世的正義原則與倫理原則。

典型反應：遵守規範是為了追求正義公理，避免受到良心苛責。

運用「道德兩難困境」評價道德發展
——「海因茲先生偷藥」的故事

歐洲有名婦人患了一種絕症，生命垂危。醫生認為只有一種藥才能夠治癒她，但那是本城鎮的一位藥劑師所發明的。由於製造這種藥要花很多錢，藥劑師索價要高出成本100,000元的十倍，也就是1,000,000元。病婦的丈夫海因茲到處向人借錢，最後只借得500,000元，僅足夠支付醫藥費的一半。海因茲不得已，只好告訴藥劑師，他的妻子快要死了，請求藥劑師便宜一點賣給他，或者允許他賒欠。但藥劑師說：「我無法答應，我發明這種藥就是為了賺錢。」海因茲走投無路之下，竟在月黑風高的夜晚偷偷闖入藥劑師的家裡，為妻子偷走了藥。

請受測驗者在聽完這個故事後，回答以下一系列的問題：「海因茲先生應該這樣做嗎？為什麼應該或不應該？法官該不該判他的罪，為什麼？」從中瞭解個人是如何做道德行為的推理判斷。

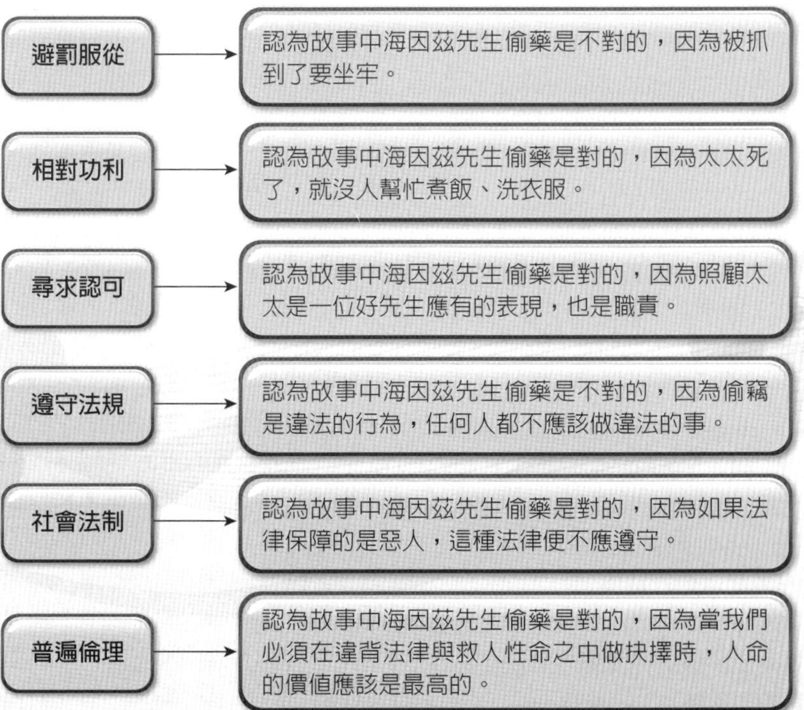

避罰服從
認為故事中海因茲先生偷藥是不對的，因為被抓到了要坐牢。
相對功利
認為故事中海因茲先生偷藥是對的，因為太太死了，就沒人幫忙煮飯、洗衣服。
尋求認可
認為故事中海因茲先生偷藥是對的，因為照顧太太是一位好先生應有的表現，也是職責。
遵守法規
認為故事中海因茲先生偷藥是不對的，因為偷竊是違法的行為，任何人都不應該做違法的事。
社會法制
認為故事中海因茲先生偷藥是對的，因為如果法律保障的是惡人，這種法律便不應遵守。
普遍倫理
認為故事中海因茲先生偷藥是對的，因為當我們必須在違背法律與救人性命之中做抉擇時，人命的價值應該是最高的。

Unit 4-9 柯爾柏格的道德發展理論（二）

三、柯爾柏格理論在教育上的應用

（一）道德認知發展須遵守兩大原則：由他律到自律、循序漸進

教導年幼的兒童，要訂定具體明確的道德行為規範讓他遵守，等到兒童年齡漸長，自然就有足夠的思考能力，自己做是非判斷。此外，道德發展階段是漸進的，不能越級。

（二）道德教學須符合學生心理發展：與生活經驗相連結

實施道德教育不能依賴道德教條的灌輸，而是要貼近學生的生活經驗，並改採詰難推理的方式，例如：教師可以提供給學生生活有關的現實問題或道德兩難問題來促進思考判斷。也可採用「加一原則」，在六個階段中提升一段讓學生去思考判斷，藉以提升學生道德認知的水平。

四、對柯爾柏格理論的批評

（一）三期六階段說，在現實中未必是分開、連續和一致的，例如：某個人做道德判斷的答案，可能會同時反映在數個不同的階段。

（二）柯爾柏格理論建構的研究對象全是男性，因此這個理論較偏重男性的價值觀，忽略了女性的價值觀。

（三）具有高道德認知的人，不一定同時具有高道德行為。

五、姬莉根倡導女性道德發展理論：關懷倫理學

（一）女性主義者姬莉根（C. Gilligan）提倡「關懷倫理學」，認為柯爾柏格的道德發展理論依循的是男性的標準，強調「正義」而忽略了「關懷」，這是一種帶有男性偏見及不公平的理論。例如：女孩子在玩跳繩和跳房子的遊戲，遊戲方式是輪流進行的，遊戲中的競爭是間接性的，某人在遊戲中獲勝並非代表他人失敗，很少出現需要仲裁的爭端或衝突，即便一出現爭端，就會結束遊戲，因為女孩們會寧願維持彼此的和諧關係，而不願去訂定解決爭端的規則制度，這是因為一般的女性大多會傾向於重視關係及相互依賴。

（二）姬莉根批評柯爾柏格道德發展的第三和第四階段，只有方向的差別，並無高下之分。另外，道德發展是社會文化教養下的結果，因此，不同文化下不能使用相同的兩難困境問題來作為判斷道德優劣的依據。

（三）姬莉根提出女性道德發展的三個階段

1. **個人生存的道德**：只關心與自身生存有關的事情。例如：兒童認為「對」的事情就是對自己有利的，兒童會順從規範來獲取酬賞，並避免受到懲罰。

2. **自我犧牲的道德**：轉向自我犧牲，只考慮到滿足他人的需求，藉以獲得他人讚賞。

3. **均等的道德**：遇到道德兩難問題時，會考慮自己也考慮他人的需求，但是要滿足所有人的需求是不可能的，有時候需要大家共同犧牲，但沒有任何人會受到傷害。

知識補充站

柯爾柏格理論的應用實例

小靜經常因為成績不好，被父母責備。她今天沒準備好，因此，她在想等一下考數學時要作弊。她應該作弊嗎？以下是一些人的想法：

（一）應該，作弊得到好成績，她的父母會認為她是好女兒，以她為榮。

（二）不應該，如果她被抓到，會受到嚴厲的處分。

（三）不應該，因為作弊違背校規。

（四）不應該，因為作弊對班上其他人是不公平的。

（五）應該，因為她若得到好成績，她的父母可能讓她去看場電影作為獎賞。

請根據柯爾柏格的道德發展理論，說明上述五種反應，分別處於哪一個發展階段，並敘述該階段的特徵。【2006年教師資格檢定考】

解答：

（一）尋求認可取向，順從傳統的要求，要扮演好女兒的角色。

（二）避罰服從取向，害怕作弊被抓到後遭到的懲罰。

（三）遵守法規取向，恪守校規和法律權威。

（四）社會法制取向，行為的對錯要看社會大衆的共同認可而決定。

（五）相對功利取向，行為的對錯要看行為後果的賞罰而決定。

價值澄清教學法

1.不贊成教條式的灌輸道德教育。

2.協助學生察覺自己和他人的價值，並由此建立自己的價值體系。

3.包含三項步驟、七個規準。

三項步驟 / 七個規準

一、選擇（choosing）
- 1.自由的選擇
- 2.從不同的途徑中選擇
- 3.經過考慮後才選擇（深思熟慮）

二、珍視（prizing）
- 4.重視與珍惜自己的選擇
- 5.公開表示自己的選擇

三、行動（acting）
- 6.根據自己的選擇採取行動（坐而言，起而行）
- 7.重複實施，建立明確的價值觀

Unit 4-10 社會行為發展的特徵與模式（一）

一、社會行為的重要性

（一）社會行為可以增進人格正常發展：它會形成人格特質的一部分，包括獨立或依賴、支配或順從、反抗或合作、友善或攻擊等。

（二）早年生活經驗決定社會適應的程度：幼兒早期的社會行為經驗如果是快樂滿足的，日後會有較良好的社會適應行為，同時對情緒和人格發展也有重要的影響。

二、社會行為發展的階段與特徵

（一）0-2 歲：**自我中心、模仿、缺乏道德意識**

1. 嬰兒在 2-6 個月，雖然會互相注視、觸摸對方，但只是無意識的動作。

2. 嬰兒在 6-11 個月，會想要動手觸摸對方，與人的互動感到興趣，用簡單的動作或聲音來反應，或互相微笑。

3. 嬰兒在 10-24 個月，會簡單的模仿動作、表現出互惠行為或搶玩具。

（二）2-6 歲：**合作遊戲、個性發展、尋求認可**

幼兒早期的社會行為，經由遊戲的互動表現出來。遊戲的對象由成人逐漸轉向同年齡的幼兒（或兒童）。

1. 幼兒 2 歲左右，自我中心強烈，喜歡單獨遊戲。

2. 幼兒 2-3 歲左右，在團體裡遊戲，但各玩各的。

3. 幼兒 3 歲以後，與其他幼兒融入在遊戲裡，並逐漸社會化。

4. 幼兒 5 歲以後，參加團體遊戲，愈來愈有組織化。

（三）7 歲後：**既合作又有競爭**

兒童在 7 歲以後，開始產生分工合作、競爭性的遊戲型態。

三、社會行為模式

（一）**模仿**

3 個月會模仿面部表情，6-7 個月會模仿手勢及動作，1 歲會模仿聲音語言，模仿在教育上具有積極作用，透過友伴間的互相模仿，可提高學習效果。

（二）**尋求認可**

2 歲左右的幼兒就有尋求社會認可與讚許的期望，希望引起他人注意與喜愛。

（三）**競爭**

1. 嬰兒在 1-2 歲時會互相搶奪玩具，但並非真正的競爭；3 歲左右開始出現競爭行為，5-6 歲已發展出強烈的競爭行為。

2. 正向的競爭會促使兒童勤奮努力，增強社會化；負向的競爭（例如：吵鬧、打架）會導致兒童社會適應不良。

（四）**攻擊**

1. 是一種帶有敵意的威脅行為，大都是因為被激怒而引起，4-5 歲時達到高峰。

2. 攻擊行為會隨著年齡增長，由直接轉為間接，例如：2-4 歲會直接攻擊對方身體（例如：打、推、踢），4-5 歲會採間接的語言攻擊（例如：責罵、訕笑）。

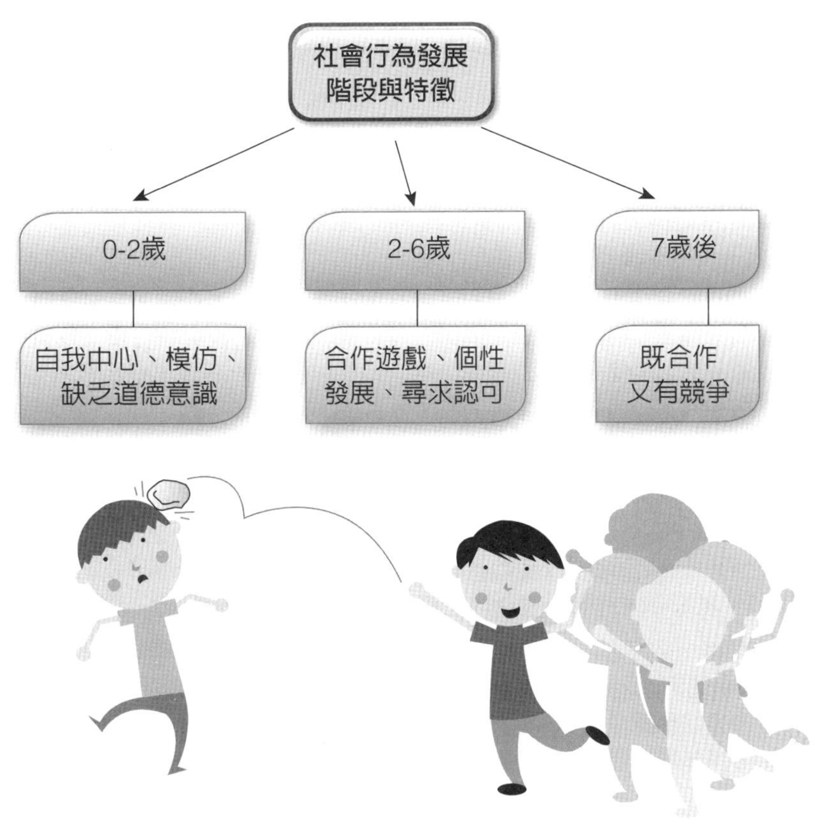

知識補充站

團體中的去個人化現象

老周平時給人的印象是溫和又平易近人。但是有一天他突然被警察傳訊，大家都覺得很納悶，原來是老周兩個星期前去參加某個示威遊行，由於當時人很多，他看到有人向警察丟石頭，也就跟著丟石頭，被警察查出來了。請問為什麼老周在群衆中會變成另一個人，做出跟平時給人印象不一樣的行為？

解答：

老周在團體中產生「去個人化」現象，喪失自我意識和自我控制能力，取而代之的是團體的目標和活動，這個時候會有一種不需要對自己行為負責任的念頭，也不在乎行為的結果。此外，在人群中會以為自己的身分被隱藏起來，自覺他人對自己的注意力減少，也減少行為的責任。

Unit 4-11 社會行為發展的特徵與模式（二）

（五）社會依附

1. 社會依附是指尋求與他人保持親密關係的傾向，表現行為有啼哭、微笑、緊跟不放、身體依偎、要求擁抱等。

2. 親子依附是典型的社會依附，是指親子間的依附關係，通常嬰兒會對母親或主要照顧者產生一種情感連結和依賴。例如：大約 6 個月的嬰兒看到母親會特別開心，母親離開時會顯得焦躁不安。

3. 社會依附的四種類型

(1) 安全型依附：這類的嬰兒在母親離開時會情緒不安，母親回來後情緒就會緩和下來。長大後會有較佳的社會技巧，比較容易好奇、注意力集中、熱愛學習、有親密的朋友。

(2) 抗拒型依附：這類的嬰兒在母親離開前就開始焦慮，母親回來後會想接近，卻又尖叫踢打抗拒，情緒無法被安撫下來。

(3) 逃避型依附：這類的嬰兒在母親離開時很少哭鬧，母親回來後卻會逃避她。抗拒型和逃避型的嬰兒在長大後會比較被動退縮、自信心差、缺乏好奇心、同儕關係差。

(4) 錯亂型依附：這類的嬰兒在母親回來後高興迎接，但一下子又掉頭離開，沒有安全感，長大後容易變成有敵意和攻擊性的人。

4. 社會依附的發展階段

(1) 約 0-2 個月，無特定對象的社會反應行為。

(2) 約 2-7 個月，有特定對象的社會反應行為。

(3) 約 7 個月 -2 歲，建立依附行為，積極想與照顧者親近，一旦依附對象離開會產生「分離焦慮」，幼兒會出現害怕、生氣、哭鬧、哀傷、冷漠及挫折的現象。

(4) 約 2 歲以後，逐漸能夠忍受與親人短暫分離，並和同儕建立關係。

（六）反社會行爲（反抗）

1. 是指表現出抗拒行為或對他人施加壓迫，是一種自我保護的「補償性適應行為」（或稱防衛機轉），3 歲左右是幼兒反抗的高峰期，以反抗成人的權威為主。

2. 包括身體反抗及語言反抗，常見有唱反調、發脾氣、冷漠、拒絕答話等。

（七）利社會行爲

1. 又稱利他行為，包括幫助他人、安慰他人（同情心）、保護他人、與他人分享、與他人合作等。

2. 幼兒 3 歲開始能對他人的難過表示關心，會試著幫助或安慰痛苦的人。到 4 歲時開始與他人有合作行為。

3. 幼兒表現出利社會行為，代表他具有站在他人立場、為他人著想的能力，例如：常和別人分享玩具、常主動關心、幫助別人，願意一起分工合作。一般來說，這樣的幼兒在同儕中較受歡迎。

4. 利社會行為與父母教養方式有關，像是父母在面對子女的需求時，可以給予適當的關心和支持，遇到問題時可以適時的引導解決方法，讓子女從中學習到負責、自主，日後就比較會體諒他人、瞭解他人需求，進而表現出利社會行為。

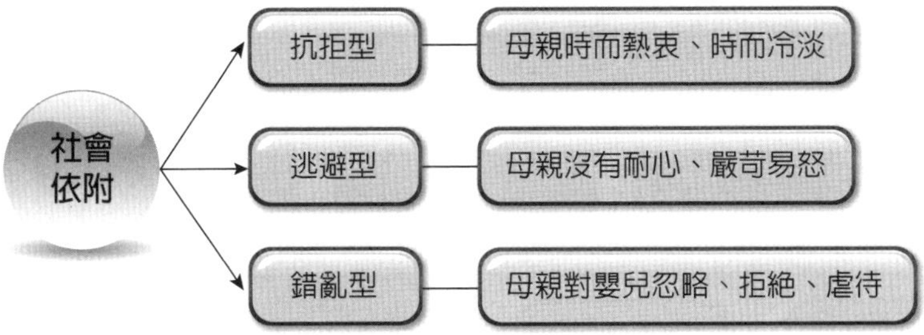

社會依附

- 抗拒型 — 母親時而熱衷、時而冷淡
- 逃避型 — 母親沒有耐心、嚴苛易怒
- 錯亂型 — 母親對嬰兒忽略、拒絕、虐待

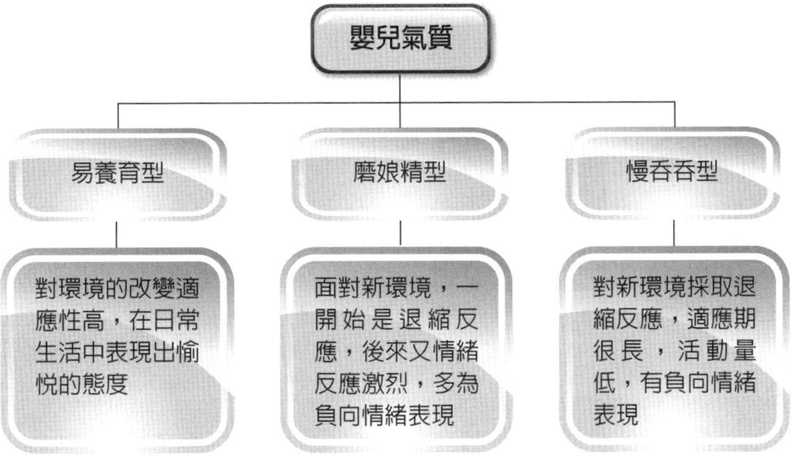

嬰兒氣質

- 易養育型：對環境的改變適應性高，在日常生活中表現出愉悅的態度
- 磨娘精型：面對新環境，一開始是退縮反應，後來又情緒反應激烈，多為負向情緒表現
- 慢吞吞型：對新環境採取退縮反應，適應期很長，活動量低，有負向情緒表現

知識補充站

社會依附的理論與影響

包爾貝（Bowlby）的依附理論認為嬰兒在6-9個月左右，與主要照顧者之間親密的情感連結，是日後社會關係發展的重要基礎。安渥斯（Ainsworth）利用陌生情境實驗，研究12-18個月大的嬰兒，在母子相處情境下，陌生人介入時，嬰兒對母親所表現的依附行為，研究結果歸納出四種社會依附類型：安全型、抗拒型、逃避型和錯亂型。

根據美國學者湯姆斯（Thomas）的研究顯示，嬰兒氣質（temperament）會對社會依附型態產生影響，主要照顧者如果可以調整自己的教養方式來配合嬰兒氣質，例如：經常輕柔地撫觸嬰兒皮膚、回應嬰兒的需求並鼓勵嬰兒探索環境，就容易導向安全型依附。另外，社會依附型態也會對成年後人際之間的親密關係產生影響。

Unit 4-12 社會行為發展與教育

一、增進社會行為發展的作法

想要增進兒童具有良好且正向的社會行為發展，在家庭和學校教育兩方面的作法如下：

（一）維護身體的健康

養成良好的生活習慣及規律的生活作息，身體健康有助於社會行為正向發展。

（二）促進語言的發展

引導兒童與他人在言談時能主動、有禮貌，自然容易在團體中被接納和尊重。

（三）指導參與團體遊戲

鼓勵兒童多參與團體遊戲活動，透過角色扮演及合作遊戲，促進社會行為正向發展。

（四）保持穩定成熟的情緒

情緒穩定是促進社會化的動力，因此成人平時要幫助幼兒在態度上保持心平氣和。

（五）提供示範的好榜樣

社會行為會藉由模仿習得，父母和教師平時應注意自己的言行舉止、以身作則。

（六）增強良好的社會行爲

當兒童表現出良好的社會行為時，增強作用可以促進行為發生的頻率。

（七）給予自主學習及做決定的機會

在兒童的能力範圍內，鼓勵嘗試自己解決問題和做決定，有助於培養獨立態度及處理事務的能力。

（八）悅納、尊重及傾聽兒童

成人必須視兒童為獨特的個體，避免和其他兒童比長較短，也要有耐心的傾聽說話，避免教條式的訓誨。

（九）避免產生習得無助感

成人應瞭解兒童的能力，勿給予太大的壓力，並能安排成功的經驗。

（十）教導兒童正向且合理的情緒表達

父母教養方式要賞罰分明、公平一致，適度的懲罰要立即性、告知原因、切合需求。

（十一）引導兒童與自我做比較，進而建立自信心

勿將成人的價值觀和期望加諸在兒童身上，參與競賽活動要注重過程而非結果，勝不驕、敗不餒。

二、艾森柏格（Eisenberg）的利社會道德發展階段說

（一）第 1 階段（享樂取向）：助人是因為考慮到對自己有利。

（二）第 2 階段（需求取向）：對他人的需求會主動表示關心。

（三）第 3 階段（刻板取向）：根據善惡的刻板印象來決定是否助人。

（四）第 4 階段（同理取向）：基於同理心和角色取替來決定是否助人。

（五）第 5 階段（內化取向）：助人是責任，也是普遍的社會價值。

知識補充站

社會助長

一個人在大家的面前作業時，因為大家的注意，加強了個人的動機，結果表現出優於自己單獨作業時的績效。

團體極化作用

當個人因為置身於團體中而產生趨向極端化決策的心理現象，這種現象可分成兩類：一是冒險偏移，例如：個人在決定一件事時會想要採取冒險方式，經過團體討論後，會決定採更加冒險激進的方式，這就是「一人膽不大，三人變成虎」；另一是謹慎偏移，例如：個人在決定一件事時會想要採取保守作風，經過團體討論後，會決定採更加謹慎保守的方式。

內團體偏誤

如果有某人和我們同樣屬於某個團體，我們會很自然的對他採取正面的看法，並善待他。

門在臉上效應（door-in-the-face effect）

個人先提出一個令對方會拒絕的大要求，等對方拒絕後，再提出一個小要求，通常這個小要求被接受的機會將大大的增加。

門內腳效應（foot-in-the-door effect）

個人在一開始只提出一個小要求，等對方接受後，再提出一個相關而且比較大的要求，通常這個大要求被接受的機會將大大的增加。

責備受害者現象（blame the victim）

人們對這個世界會有一種公平的信念，認為好人有好報，所有的不幸都是受害者咎由自取。這其實是一種防衛歸因，藉以幫助人們維持過著安全、規律、可預測的生活。

自我監控性格

高自我監控性格的人，會強烈想要控制社會情境，相當在意他人意見，甚至會刻意掩飾自己的意見來取悅他人。

Unit 4-13 防衛機轉對人格發展的影響

一、防衛機轉的意義

（一）防衛機轉（defense mechanism）是指個體從生活經驗中學到適應挫折與減低焦慮的自我保護行為，又稱「自我防衛機轉」。

（二）具有保護及增強自我的功能，適當的運用防衛機轉有助於心理健康及人格的健全發展，但如果把它當成逃避現實的手段，常會因此造成人格的偏差，導致異常行為及心理疾病的發生。

二、防衛機轉的方式

（一）潛抑

潛意識裡的內心衝突，不知不覺的影響到日常行為。例如：不願回想起地震的恐懼，但生活中稍有風吹草動就以為又發生地震了。

（二）否定

明明已經發生的事，卻認為根本沒發生過，是一種鴕鳥心態。例如：父母對子女抱持高期待，可能會拒絕承認子女能力不足以達到要求。

（三）投射

會用自己的想法去揣度他人的想法；或擔心他人發現自己的缺點，所以先下手為強，把別人的缺點批評一番。例如：自己動手打人，卻先跟大人說是別人打他。

（四）退化

遇到挫折時表現出比較幼稚的反常行為。例如：6 歲兒童在弟弟出生後，開始出現尿床、咬指甲等行為。

（五）轉移

想要發洩衝動或怒氣到某個對象上，卻因為打不贏而轉移到另一個安全的對象上。例如：一個兒童在學校被欺負，於是回家打妹妹出氣。

（六）認同

把他人的價值觀或行為轉化為自己的標準。例如：兒童常想像自己是卡通裡的超人英雄。

（七）反向

壓抑住自己的慾望，在潛意識裡又怕他人察覺自己的念頭，於是做出來的行為與內心想法正好相反，就像「此地無銀三百兩」的例子。例如：喜歡過分炫耀自己引人注意，可能是因為內心自卑作祟。

（八）合理化

遇到挫折時，為了維護自尊、減低焦慮，而為自己的行為找到一個合理的解釋。例如：成績不及格，就抱怨說是老師評分不公，是一種酸葡萄、甜檸檬心理。

（九）補償

在某一方面失敗而失去自信時，在另一方面努力追求成功以滿足需求的心理歷程。例如：個子矮小的人無法在運動場上得到成就，就轉向在學業上加倍努力。

（十）昇華

把不被社會接受的慾望或本能加以改變。例如：一個兒童很生氣想打人，但又知道打人是不被允許的，於是選擇將憤怒發洩於畫圖上。

鴕鳥心態

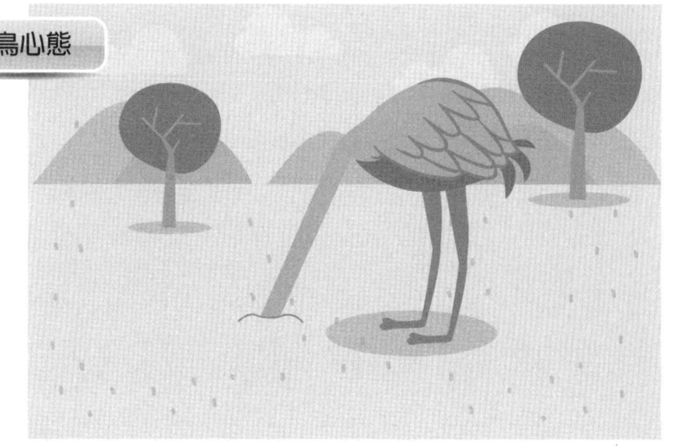

防衛機轉的一則笑話

阿花有天拿成績單回家，一開門就很開心的對媽媽說：「媽，我今天國文考了五十分！」

媽媽聽了生氣的說：「考不及格有什麼好開心的，你弟弟都考一百分！」

阿花聽了更開心地說：「是啊、是啊，您不是常說，我只要有弟弟的一半就好了嗎？」

媽媽：「……。」

情緒發展與教育

章節體系架構

Unit 5-1 情緒的意義、構成要素和特徵

一、情緒的意義

（一）情緒（emotion）是一種心理活動，人們時常透過喜、怒、哀、樂等情緒反應，來表達心裡的感受。

（二）情緒可以分為與生俱來的「基本情緒」和後天習得的「複雜情緒」。基本情緒和原始人類生存息息相關，例如喜悅、憤怒、悲傷、恐懼、厭惡、驚奇等，所有人表達基本情緒的方法都相似，也都能被其他人所理解。複雜情緒則必須透過與他人之間的交流才能學習到，也就是某些情緒在特定的文化或社會條件下才會產生，例如窘迫、內疚、害羞、驕傲等。

（三）容易和情緒混淆的概念，例如「感覺」（feelings）是指對外在客觀事物（聲音、顏色、氣味等）的反映，並不是內在主觀認知的反映。再例如「心情」（moods）延續的時間比情緒來得長。再例如「情感」（affect）比情緒來得溫和，會影響的大多只是心理層面，但情緒引起的身心狀態較強烈，會影響整體的生理和心理層面。相同點都是指個體因刺激而引起的身心狀態。

（四）綜合來說，情緒是一種個人的主觀認知經驗，它是由多種感覺、思想和行為綜合產生的心理和生理狀態。最普遍的情緒有喜、怒、哀、驚、恐、愛等；另外，還有一些細膩微妙的情緒，例如嫉妒、慚愧、羞恥、自豪等。

二、情緒的構成要素

（一）**認知評估**：是指個體對外界發生的刺激（人、事、物），觸發情緒反應。例如看到心愛的貓、狗死亡，覺得這是一件具有重要意義的負面事件。

（二）**身體反應**：生理上自動產生反應，例如意識到寵物死亡無法挽回，感到全身乏力。

（三）**感受**：可以察覺到的情感變化，例如悲傷。

（四）**表達**：人的臉部和聲音產生變化，向周圍的人傳達自己的情緒，例如緊皺眉頭、嘴角向下、哭泣。

（五）**行動的傾向**：情緒會產生動機，例如：悲傷的時候希望找人傾訴，憤怒時會做一些平常不會做的事。

三、情緒的特徵

（一）**喜悅狀態：**人們一方面會接受他人的愛與情感，同時也學習如何表達與付出愛與情感。

（二）**抑制狀態**

1. 恐懼

(1) 對東西與自然現象的恐懼，例如昆蟲、蛇、暴風雨、火等；(2) 對自我相關的恐懼，例如學業失敗、做錯事等；(3) 對社會關係的恐懼，例如孤獨等；(4) 不知名的恐懼，例如超自然現象等。

2. 焦慮

(1) 焦慮是一種不愉快的情緒感覺，個體的心跳加快、血壓增高、腸胃不適。

(2) 焦慮的原因：①缺乏生理需求；②缺乏心理需求。

（三）**敵意狀態**

1. 會表現出攻擊、懷疑、暴躁、怨恨、忌妒等行為，容易與他人產生衝突。

2. 會因能力不足、挫折及錯誤，對自己感到憤怒，而產生發脾氣、攻擊或反抗行為。

透過繪本教導孩子認識自己的各種情緒

當孩子失落時，會突然發怒、摔東西、一言不語，或是哭得很傷心，但是卻不知道該如何處理自己的情緒。還有一個令人頭疼的情況，由於現今獨生子女和隔代教養的關係，許多孩子凡事以「我」為主，少有與其他孩子互動和分享的機會，很容易教養出自私的小霸王。如何安撫孩子情緒、轉移注意力？如何帶著孩子認識各種感覺，並學會接受和消化自己的情緒？閱讀繪本童書就是一個好方法，透過親切的漫畫式插圖、幽默的文字和有趣的情節，讓孩子在笑聲中認識各種感覺，像是聽見別人被讚美，心裡產生嫉妒；或是面對小寵物死亡的悲傷等。

引導孩童學習面對並抒發脾氣與情緒的繪本

- 《生氣的亞瑟》，三之三出版社
- 《生氣湯》，上誼出版社
- 《啊！煩惱》，格林出版社
- 《菲菲生氣了，非常、非常的生氣》，三之三出版社
- 《我變成一隻噴火龍了》，國語日報出版社
- 《貝蒂好想好想吃香蕉》，親子天下

引導孩童面對害怕和恐懼的繪本

- 《雷公糕》，遠流出版社
- 《魔奇魔奇樹》，和英出版社
- 《床底下的怪物》，上誼出版社
- 《潔西卡和大野狼》，遠流出版社
- 《討厭黑暗的席奶奶》，遠流出版社
- 《我好擔心》，三之三出版社
- 《生氣的亞瑟》，三之三出版社
- 《鱷魚怕怕牙醫怕怕》，上誼出版社
- 《大吼大叫的企鵝媽媽》，親子天下
- 《子兒吐吐》，信誼出版社

引導孩童學習面對死亡和悲傷的繪本

- 《爺爺有沒有穿西裝》，格林出版社
- 《想念外公》，遠流出版社
- 《我永遠愛你》，上誼出版社
- 《獾的禮物》，遠流出版社
- 《再見愛瑪奶奶》，和英出版社
- 《恐龍上天堂》，遠流出版社
- 《再見，斑斑》，漢聲出版社

引導孩童面對嫉妒和自我認同的繪本

- 《小小大姊姊》，上誼出版社
- 《把殼丟掉的烏龜》，維京出版社
- 《最棒的鞋》，臺灣東方出版社
- 《魚就是魚》，上誼出版社

Unit 5-2 情緒發展的理論

一、兒童情緒分化理論

新生兒的情緒是籠統的，約 1 歲後逐漸分化，2 歲左右出現基本情緒。

（一）布里奇思（Bridges）的主張

新生兒只會皺眉和哭泣，3 個月後，情緒已分化為快樂和痛苦，6 個月後，痛苦又分化為憤怒、厭惡和恐懼，12 個月後，快樂又分化為高興和喜愛。

（二）伊扎德（Izard）的主張

兒童隨著年齡增長和腦的發育，情緒也逐漸分化，形成 9 種基本情緒：愉快、驚奇、悲傷、憤怒、厭惡、懼怕、興趣、輕蔑、痛苦，以上每一種情緒都有相對應的臉部表情模式。

二、情緒心理理論

（一）當負面情緒產生，個人會產生不愉快的感受，一方面會影響個人內在生理變化，造成心理衝突，另方面也會引發個人生理疾病或心理適應不佳，進而影響到日常生活、學習效率和人際關係。

（二）美國心理學家詹姆士（W. James）於 1884 年最早對情緒變化提出系統化的解釋，他認為情緒發生順序是由個體先知覺到外在刺激而引發生理變化，再經由生理變化產生情緒反應。

（三）丹麥心理學家蘭格（C. Lange）發表了相似的理論，稱為「詹姆士－蘭格情緒理論」。這一理論主張：「當身體產生（生理）變化時，我們感受到這些變化，這就是情緒。」

（四）美國生理學家坎農（W. B. Cannon）與巴德（P. Bard）提出「坎巴二氏情緒理論」，他們認為情緒反應與生理變化兩者幾乎可說是同時產生的，並且受到位於大腦皮質的視丘所控制，而情緒反應主要是起因於對刺激情境的覺知。因此，若能控制感官刺激的類別與強烈程度，將有助於改善情緒反應。

三、情緒的認知評估理論

（一）Schachter 和 Singer 提出情緒經驗不是因為自律神經的興奮（例如心臟劇烈跳動），而是在於個人瞭解和解釋這個自律神經興奮的原因，並以當時所處情境的認知來加以判斷。換句話說，任何一個外界刺激都有可能引起相同的生理反應（例如心臟劇烈跳動），但究竟是害怕或憤怒？這要取決於個人認知歸因的過程，例如當他遇見熊，他把心臟劇烈跳動歸因於恐懼，於是害怕逃跑。當他被別人羞辱後，他把心臟劇烈跳動歸因於憤怒，於是氣到發抖。

（二）拉薩魯斯（R. Lazarus）主張情緒發生的第一個步驟就是認知評估，因此，個人在認知與行為上的改變，可視為情緒管理與調適的重要策略。另外，理情治療學派學者 Ellis 認為情緒源於想法和態度，引發情緒的不是事件本身，而是個人對事件的看法或內在自我語言。唯有轉化負面的思考和情緒，才能促使個人生活和情緒穩定。

四、情緒的行為主義理論

這個學派的學者認為情緒困擾與問題行為，都可以透過學習加以控制、修正或改善。

詹姆士—蘭格情緒理論

有些人認為情緒激發起行動，我們哭泣是因為難過，逃跑是因為害怕。「詹姆士—蘭格理論」則提出相反的解讀，他們認為刺激引發自主神經系統的活動，產生生理狀態上的改變，生理上的反應導致了情緒。

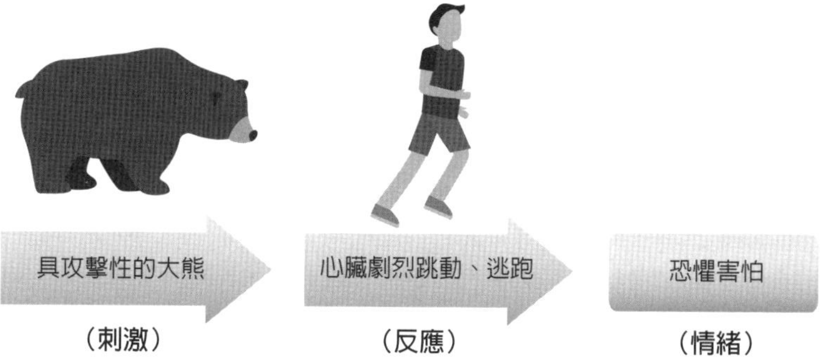

情緒的認知評估理論

同樣是心臟劇烈跳動的生理反應，個人的情緒取決於認知歸因，當他歸因於大熊則感到恐懼，當他歸因於賽跑則感到興奮。

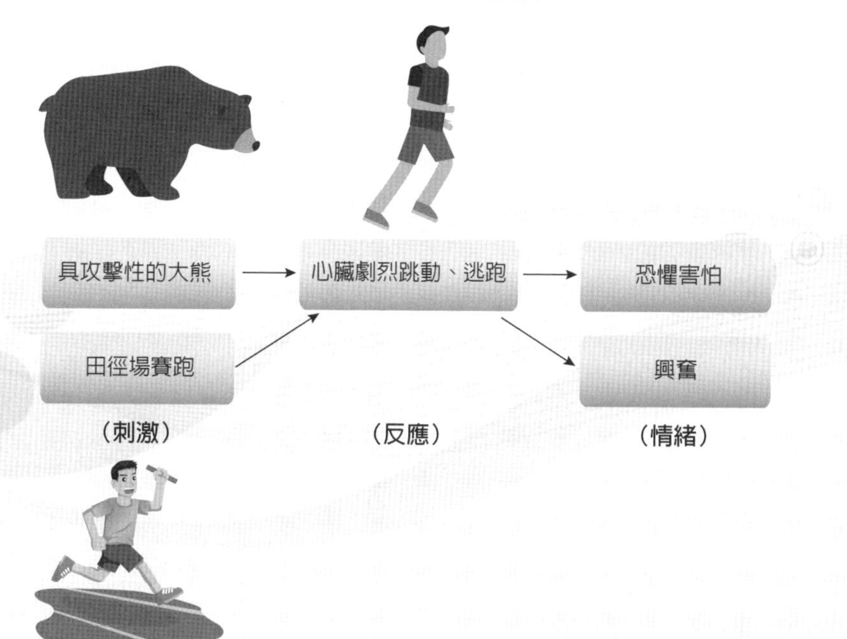

Unit 5-3 情緒智力的意義與內涵理論

一、情緒智力及其內涵

（一）情緒智力源自商管領域

情緒智力（emotional intelligence）的概念源自商業管理領域，原來是指經理人瞭解和控制自己及周圍同事情感的能力，它是決定企業能否有更好的績效表現之關鍵要素。

（二）情緒智力概念的提出

情緒智力的概念是由美國學者薩洛維（Salove）和瑪依爾（Mayer）提出的，定義是：「個體監控自己及他人的情緒和情感，並識別、利用這些訊息來指導自己的思想和行為的能力。」亦即懂得識別和理解自己及他人的情緒狀態，並加以運用來解決問題和調節行為的能力。

（三）哈佛大學的心理學家高曼（D. Goleman）在 1995 年出版《情緒智力》（E.I.）一書，說明一個人在情緒上的智慧能力，他認為人生有 80% 的成就受 E.I. 影響，只有 20% 的成就受 I.Q.（智力）影響。他認為人類的自我意識、自我約束、毅力和專注投入等能力對一個人的影響很大，而且比智力更為重要。

（四）情緒智力的內涵

1. E.I. 可經由後天的學習和經驗而不斷提高，而非只依賴先天遺傳，它也不是在兒童早期階段就已發展定型的。

2. E.I. 與成熟因素有關，因為隨著個體愈來愈善於調控自己的情緒和衝動，就更善於激勵自己，同時也增進社交技巧。

3. E.I. 並不存在性別差異。無論是男性或女性，在 E.I. 上均有其長處，也有其不足。例如有些人雖富有同情心，卻缺乏處理自己苦惱的能力；而有些人雖能敏銳地意識到自己情緒的變化，但對他人的情緒反應卻常視若無睹。

二、情緒智力的理論

（一）情緒智力的理論模型

其一是薩洛維和瑪依爾的情緒智力理論；其二是高曼的情緒智力理論；其三是 Bar-On 的情緒智力理論，他對情緒智力和社會智力進行區分，把情緒智力視為個人管理能力，例如衝動控制；而把社會智力視人際關係技能。

（二）情緒智商的五大內涵（向度）

1. **認識自身情緒的能力**：能認識自己的感覺、情緒、情感、動機、性格、慾望和基本的價值觀等，並以此作為行動的依據。例如考試求好心切，告訴自己一定要拿高分。

2. **妥善管理自身情緒的能力**：是指對自己的快樂、憤怒、恐懼、愛、厭惡、悲傷等，能夠自我認識並做好情緒調整。例如數學習題一直做不出來，於是自我安慰，讓自己煩躁的心安定下來。

3. **自我激勵的能力**：是指面對自己想要實現的目標，隨時自我鞭策，始終保持高度熱忱。換句話說，經常自我肯定、愈挫愈勇，充滿正面的學習態度，讓自己的情緒保持奮發向上的感受。

4. **同理心和控制衝突的能力**：是指對他人的各種感受，能設身處地的加以瞭解，並作出適宜的反應。例如在人際交往中，擅於從對方的語言、語調、語氣、表情、手勢、姿勢等來作判斷。

5. **人際關係的管理技巧**：是指善解人意，擅於體察他人的內心感受和動機想法。這種人容易與任何人相處都愉悅自在，同儕之間互助互勉，心理上獲得認同和歸屬感。

知識補充站

■高曼在1998年以後很少使用情緒智力一詞，而是用情緒勝任力（emotional competence）來取代，並提出情緒勝任力的理論架構。

■高曼的情緒勝任力的理論架構

情緒勝任力				
自我意識	自我調節	自我激勵	同理心	社交技巧
・能瞭解自己的情緒及可能產生的結果 ・能準確的自我評估 ・能知曉自己的長處和弱點 ・對自己價值和能力有所肯定	・自控力：控制情緒和衝動的能力 ・誠信：能保持誠實、有信用 ・職業道德：對自己的工作肯負責任 ・適應力：對環境改變能做出靈活應變 ・創新精神：樂於接受新觀點、新方法的挑戰	・成就動機：努力提高或符合優秀的標準 ・責任感：與群體的目標保持一致 ・主動性：隨時把握住機會 ・樂觀：愈挫愈勇，堅持追求理想目標	・善解人意：能覺察他人感情，理解他人的觀點 ・服務定向：能預先覺察和滿足他人的需要 ・提攜他人：能覺察他人的發展需要，並培養所需要的能力 ・集思廣益：能透過不同的人創造機遇 ・政治敏銳力：能覺察群體的情緒傾向和力量關係	・感召力：能有效的影響或說服他人 ・交流：能正確無誤的表達訊息 ・領導能力：能鼓勵和引導群體 ・促變能力：引發改變或控制變化 ・控制衝突：能溝通和解決分歧 ・凝聚力：能培養和諧的人際關係 ・合作：能與他人齊心協力，實現共同的目標 ・團隊協調能力：能發揮群體效應，追求集體目標

Unit 5-4 學生情緒問題與輔導方式

一、兒童的情緒反應和問題

一般來說，兒童常無法有效的控制情緒，常會大哭、大笑，隨著注意力轉移而改變情緒。害怕時，有的會哭，有的躲起來，有的不露形色。此外，出現強烈的情緒反應時，會直接表現在不良習慣或症狀上，例如咬指甲、胃口欠佳、睡不安寧、小便次數增多、退化現象等。

二、青少年的情緒反應和問題

青少年常會焦慮、煩惱，尤其當面對升學壓力和就業問題，對未來生活沒有目標，最容易出現各種情緒困擾問題。有時因為受到外界太多誘惑，造成思考及注意力渙散，愛做白日夢；或是生理變化而血氣方剛，容易有暴力傾向。

三、情緒教育的輔導方式

（一）一般的輔導策略

1. 多鼓勵以及讚美，發展愉快的情緒。

2. 父母和教師要以身作則，示範良好的情緒行為。

3. 積極維護兒童身心健康及正常生活作息。

4. 做適度的情緒宣洩，並學習表達內在的感覺。

5. 平時多培養興趣或休閒，轉移不當的情緒。

（二）特殊的輔導策略

1. **系統減敏法**：幫助兒童放鬆身體，並循序漸進的克服焦慮或恐懼的方法。

2. **認知方法**：分析認知與情緒的關聯性，再以理性取代非理性的情緒。

3. **操作制約法**：應用增強、消弱、行為塑造等操作制約方法，以消除或減弱兒童的不當情緒。

4. **社會技巧或理情教育訓練**

訓練課程包括：(1) 認識自己的情緒；(2) 表達自己的情感；(3) 瞭解他人的感受；(4) 處理他人的憤怒，瞭解他人為何生氣；(5) 適時表達情意，使他人知道你關心他；(6) 懂得處理恐懼，害怕時會找出原因並加以處理；(7) 自己表現良好時，能酬賞自己；(8) 引導學生自己擬訂解決情緒問題的方案及策略，並加以執行。

（三）情緒卡活動

目前有許多中小學教師喜歡使用情緒卡活動，用來轉換學生的情緒。教師可藉由學生所挑出的卡片，以及排列出的卡片，再經由改變排列去鬆動學生的情緒，然後逐步導正成為一個正向、有信心的情緒。

四、情緒教育與學生心理衛生

學生情緒上的不穩定，自我意識過度強烈，會讓自己產生焦慮和壓力，進而發生集體脫軌行為、吸食毒品、企圖自殺等。為預防和導正學生心理衛生，可以採取以下作法：

（一）讓學生對生活有樂趣，具有幸福感，能以喜悅心情面對和處理每日的問題。

（二）讓學生有自信心，擁有安定的情緒，遇到變故也不會驚慌失措。

（三）對自己的學習感到熱誠，願意全力以赴，發揮自己最大的能力。

（四）能控制自己的慾望，與他人和諧相處、協同合作，建立信賴關係。

運用情緒卡處理情緒問題

【事件的開始】

班上的孩子最愛玩「鬼抓人」的遊戲，但屢屢傳出有人因為「不想當鬼」而傷了和氣的事件，不是有人懊惱的跑來跟老師打小報告，就是雙方大打出手。

【冷靜的思考】

面對這樣的情形，老師不要火冒三丈，接著把打人的孩子大罵一頓。而是要開始思考，如何讓這些爭執徹底解決？如何讓孩子知道，如果遇到自己不願意做，但又非得要做的事情時，應該如何思考？

【帶入情緒卡】

一、拉出生活經驗：例如老師可以詢問學生「什麼事情是我們不想做，卻又必須去做的事？哪些事情是一定要選一個人出來做的事？」

二、想出解決方式：例如老師可以詢問學生「我們可以用什麼辦法來決定，是誰去做這件事？」

三、析解負面情緒：例如老師可以詢問學生「如果你猜拳輸了一定得當鬼，或是抽籤抽到必須倒垃圾，你的心裡有什麼感覺？」然後請學生選出心裡的情緒貼在黑板上。

四、思考表白：例如老師可以詢問學生「你知道被選到當鬼的人心情這麼不好，你想跟他說什麼話？你建議他怎麼做比較好呢？」

【溫暖的收尾】

讓孩子藉由這討論過程，釐清自己面對失望的負面情緒，也清楚瞭解面對這些情緒時的具體作法。最後，老師也可以私下找來打人的孩子聊聊心裡話。

情緒卡詞彙

興奮	快樂	驚喜	高興	自由	愉快	渴望	得意
安心	滿足	期待	羨慕	開心	舒服	信心	堅強
幸福	平靜	親密	寬恕	輕鬆	愉快	尷尬	好奇
焦慮	著急	害怕	煩惱	擔憂	擔心	恐懼	恐怖
憤怒	生氣	難過	內疚	委屈	憂愁	厭惡	驚嚇
崩潰	痛苦	自責	罪惡	後悔	困惑	浮躁	慌亂
挫折	壓力	緊張	鬱卒	茫然	失落	無力	無助
無奈	失望	自卑	疲憊	哀怨	哀傷	孤獨	寂寞
空虛	空虛	麻木	疏離	嫉妒	怨恨	憐憫	悲哀
驕傲	羞愧	心煩	害羞	慵懶	驚慌		

Unit 5-5 教師情緒問題與心理衛生

一、教師心理衛生

身為教師，常要同時面對來自行政、家長和學生三方面的問題，自然也造成壓力來源，對教師產生影響。因此，教師情緒管理、職涯挫折和教學表現之間關係密切。換言之，教師情緒管理良善，生理心理健康，也促使教學品質提升。如果教師壓力和負面情緒沒有適當的紓解，就會容易引發師生、親師和同事之間的人際衝突，不但影響學生受教權，也降低教學效能。

二、教師職涯挫折

教師職涯挫折是指在職教師在學校和教學場域所遭遇的挫折，使教師產生適應問題。其來源有五：

（一）**社會因素**：社會變遷引發教育改革，現今教師專業也備受家長和社會人士檢視，甚至連「尊師重道」的社會價值觀也已動搖。加上少子女化現象使教師供過於求，可能因為超額而被迫面臨調職或離職的窘境，產生莫大壓力。

（二）**學校行政因素**：教師除了教學工作外，尚需處理許多行政業務，並支援學生輔導管教工作，因而有情緒壓力。

（三）**師生互動因素**：教師的領導方式、教學風格和班級經營會影響到學生的人格發展及學習動機等。然而，一旦師生互動不佳就可能造成教師挫折。

（四）**工作負荷因素**：教師要扮演學生的輔導者、父母代理人和學校行政執行者等多重角色，過程中容易遇到阻礙並引發挫折感。

（五）**人際關係因素**：教學工作除了接觸校內教職同仁、學生和家長外，有時還要和社區人士保持良好互動。如果教師無法和周遭的利害關係人做有效溝通並爭取支持認同，就會造成情緒困擾，進而產生挫折。

三、教師情緒管理的重要性

（一）個人若能具備良好的情緒管理能力，面對問題困境時，比較能將負向情緒轉化為正向情緒。

（二）能妥善管理情緒就比較容易有好的工作表現，也比較容易找到工作樂趣，願意在工作中承受挫折與挑戰，進而建立起自信心和自我價值感，終而邁向自我實現的人生。

（三）情緒管理能增進良好的人際關係，這是因為情緒表達是人際互動的媒介，也是人際之間的潤滑劑。

四、教師情緒管理的建議作法

（一）教師必須學會思考及分析問題，掌控自己情緒，並維持正向思考和積極態度，培養解決問題的能力。

（二）教師能有效處理自我和人際間的情緒，能勝任繁重的課務和行政工作，使自己成為高效能的教師。

（三）現今家庭功能不彰，加上社會環境的負面影響，導致許多學生產生偏差行為，也造成教師在輔導與管教學生時備感壓力，甚至是無力感。因此，學校應主動出擊，辦理親職教育講座、提供教養子女的知識技能，以健全家庭教育功能。

（四）學校行政運作相互支援，並提供教師工作壓力和情緒紓解的管道。也應改善教師的教學環境，儘量免除教學以外的行政負擔，讓教師可以專注於教學工作，進而提升教學專業。

促進教師心理衛生的建議作法

富教育愛，從教育工作中獲得成就和自我實現

瞭解學生需求，善於運用各種教學技巧來提升教學效能

認清教師的角色和能力，具有良善的情緒管理能力

善用時間進行進修和自我成長，提高自我價值感

體認「成就每一個孩子」的信念，並擁有健康的身體

教師扮演的11種角色

1.關懷的角色：教師要具有人文精神與良好的情緒特質。
2.鼓勵的角色：教師同儕間要彼此溝通、互動及成長。
3.互補的角色：與家長成為教育搭檔，提供互惠支持。
4.給與的角色：明瞭學生的個別性和多樣性，提供健全人格發展的情境。
5.促動的角色：成為學生學習的促進者。
6.實驗的角色：教師是研究者。
7.創造的角色：教師是課程發展者。
8.計畫的角色：教師是行政人員。
9.胸懷大志的角色：尋求專業發展。
10.解決問題的角色：教師是決策者。
11.挑戰的角色：教師是專業領導者。

語言發展與教育

章節體系架構

Unit 6-1 語言發展的基本概念

一、語言的意義

（一）語言是人與人溝通的媒介。

（二）語言是一種「符號」系統，包括語音、語意、語法、語用等。

（三）語言是人類特有的訊息工具，能夠傳遞給下一代，但不同區域、民族所使用的語言不同，甚至受到社會階層、職業、年齡、性別也會有差異。

二、語言的重要性

（一）語言具有人際溝通的功能，可以作為人與人交往、交換訊息的工具。

（二）語言可以成為人類思維的工具，用語言來思考問題。

三、語言的特徵

（一）**語音**：能辨別音調、韻母和聲母的能力。

（二）**語意**：由單詞到延伸意義，再到表達個體概念的能力。

（三）**語法**：能按一定的法則排列句子，用以表達出一個完整的意義。

（四）**語用**：能在適當的場合說適當的話，或根據不同對象調整說話內容。

四、語言的特性

（一）**創造性**：人類可以用有限的字來組合成無限的句子。

（二）**結構性**：語言的結構原則是一個正常人很自然在使用的規則。

（三）**意義性**：每個字都會代表一個意義、想法、動作或概念。

（四）**指示性**：語言可以用來形容周遭環境的人、事、物。

（五）**溝通性**：說話的人要知道在什麼場合說哪些話才恰當。

五、語言結構的階層

（一）語言的最小知覺單位是「音素」，第二層是「詞素」，第三層是「字」，第四層是「片語」，第五層是「句子」。

（二）語言的訊息處理歷程

在瞭解一句話時，我們會先聽到聲音（音素），在長期記憶檢索和語音相配的單字（詞素），然後將單字組合成句子，再透過解碼（使文字符號具有意義化），最後瞭解語意，這就是由下而上（bottom-up）的處理歷程。人們在閱讀理解過程中，除了發生由下而上，也會發生由上而下（top-down）的交互歷程。

六、語言發展的意義

（一）指人類學習語言、運用語言的能力，隨年齡和經驗而增長的過程。

（二）人類早在嬰兒期就開始會語言表達，也有語言理解的學習。

七、語言發展與學習

（一）語言有助於兒童的社會化，有助於理解他人的意思，或表達自己的意思。

（二）語言有利於兒童學習社會行為，當兒童學會聽和說，就可以懂得如何適應社會，調整自己的情緒和行動。

（三）語言可促進兒童認知能力的發展，包括觀察、記憶、想像、判斷和推理等。

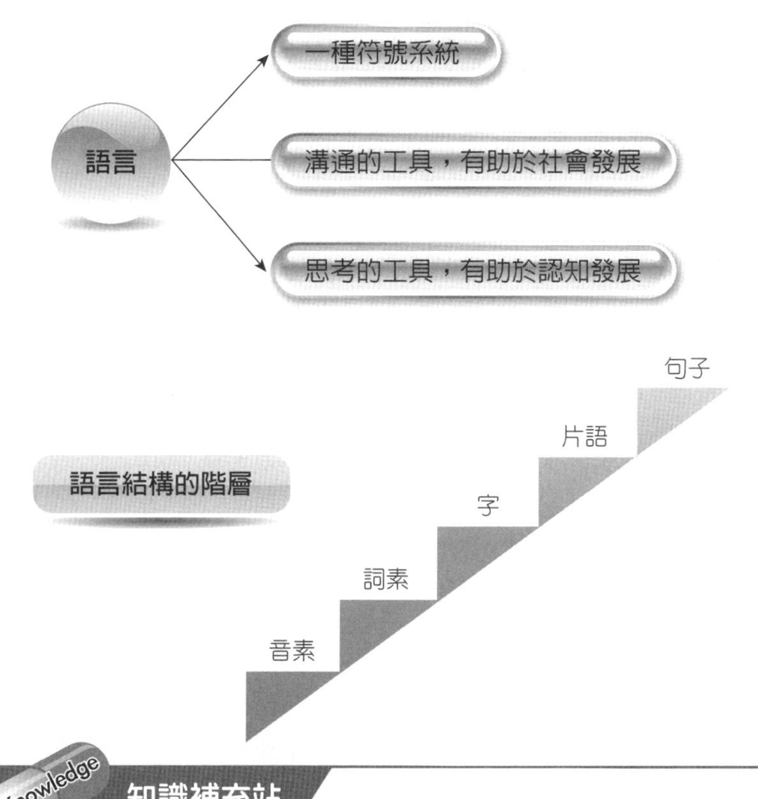

Knowledge 知識補充站

字的意義有定義理論和典型理論

字的意義是由一些基本的特徵、特色或觀念所組合而成，例如：凡是符合鳥的充分且必要條件（有羽毛、會飛、會生蛋、吱吱喳喳叫）才算是鳥（例如：麻雀），這是定義理論。但有些不會飛、不是吱吱喳喳叫的也是鳥（例如：鴕鳥），是因為牠具有比較少的鳥的特徵（看起來比較不像鳥），這是典型理論。定義理論告訴我們為何鴕鳥不像鳥但牠還是鳥，典型理論幫助我們瞭解為何有的鳥比別的鳥更像鳥。

Unit 6-2 語言發展的歷程

一、語言發展的兩個影響因素

語言發展一方面是天生自然的，另方面與後天的生長環境有關。

（一）語言發展是天生的

例如一個從來沒有接觸過手語的聾兒或盲童，他仍會自己發展出一些手勢來表達自己的意思，而且這些手勢多半是別人可以一看就懂的。

（二）語言發展源自社交與人際之間的交流

例如剛出生不久的嬰兒會與照顧者透過交換眼神、撫摸和接觸來達到溝通之目的，等到長大一點，則會透過模仿和父母的增強、糾正來習得語言，這些社會行為就是學習語言的主要來源。

二、語言發展的幾個重要階段

（一）發音時期：0-1 歲

1. 又稱「牙牙學語期」，語言發展重點在於發音練習及瞭解他人的說話。

2. 媽媽式的說話方式（說話時語調高、速度慢，語調會故意加重）能幫助嬰兒區辨片語或句子的範圍及起始點。

3. 嬰兒最早發出的音是「da da」及「ba ba」。

（二）單字句期：1-1.5 歲

1. 嬰兒能瞭解發出聲音的意義，並有意識的表達自己的意思。

2. 三項特徵

(1) 以單字代表整句話的意思，例如：叫「媽媽」代表「媽媽抱我」。

(2) 嬰兒早期學習的單字句是他周遭會動的、看得見的東西為主，但仍缺乏功能字，例如：球球。

(3) 常以物的聲音代表名稱，例如：「噗噗」代表汽車，「汪汪」代表狗。

(4) 常發出重疊的聲音，例如：狗狗、糖糖。

（三）多字句期：1.5-2 歲

1. 幼兒發展出雙字語句、多字語句，可以用 2 個字（或以上）的句子來表達自己的意思，但多半模稜兩可，語意不清楚。

2. 三項特徵

(1) 喜歡問物品所代表的名稱。

(2) 語句內容鬆散，例如：「媽媽—糖」代表「媽媽，我要吃糖」。

(3) 語句中以名詞最多，逐漸增加動詞，再次為形容詞。

（四）文法期：2-2.5 歲

1. 幼兒已能注意說話的文法，可以說出一個簡單的句子。

2. 幼兒已能使用代名詞「你、我、他」。

3. 父母適合說簡單的生活故事給幼兒聽，並教導吟唱兒歌。

（五）複句期：2.5-3.5 歲

1. 幼兒已能講兩個平行的句子。

2. 幼兒在好奇心的趨使下，對於不熟悉的事物喜歡問「是什麼？」、「為什麼？」

（六）完成期：4-6 歲

幼兒已能完整表達語言。

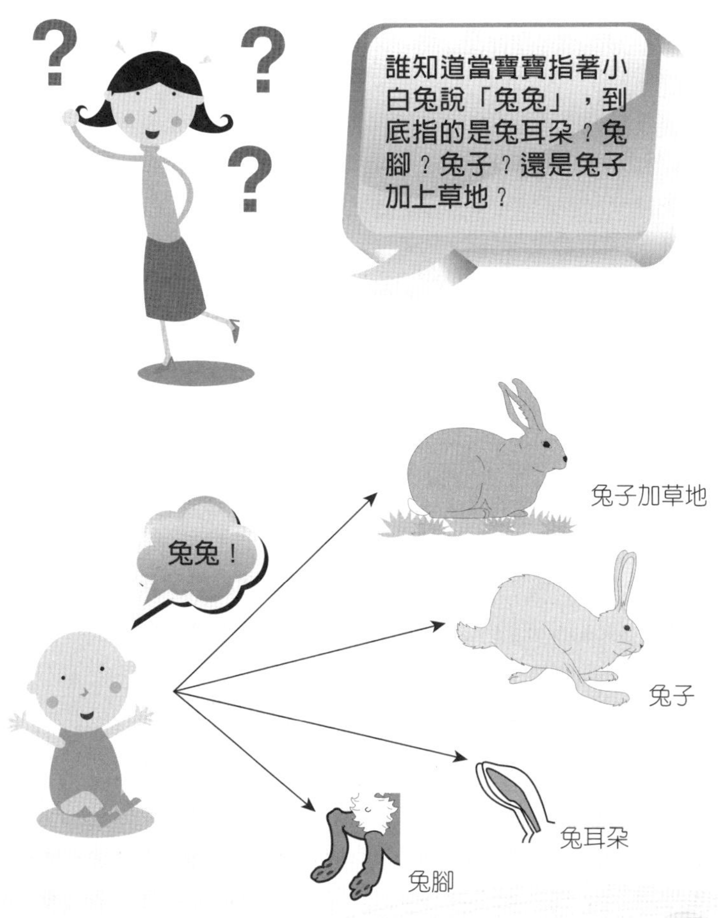

知識補充站

連言概念和選言概念

概念是指個體對於具有同類屬性事物所獲得概括性的單一經驗，「連言概念」是指概念中的屬性可用相連的方式來說明，具有兩種或兩種以上的特徵，例如：毛筆是用毛做成的筆，可以用來寫字；「選言概念」是指概念中的屬性組合可用二選一或二者兼具的方式來說明，例如：好球是指得分的球，或是指完整沒有毀壞的球。

Unit 6-3 語言發展的理論

一、語言天賦論

（一）代表人物

詹姆斯基（N. Chomsky）。

（二）觀點

認為人類生而具有語言學習的天賦能力，而語言發展的影響因素是成熟。

（三）語言的兩個層次

1. **語言能力：**只要語言器官正常，每個人都有相同的語言能力，都能理解語言結構的形音義。

2. **語言表現：**受到記憶和後天環境的影響，使得每個人的語言表現不同。

（四）語言的兩種結構

1. **表層結構：**是指一個句子的外在形式，例如「他打我」，主詞＋動詞＋受詞。

2. **深層結構：**是指一個句子的內在涵義，例如：「他給我打」，聽到這個句子可能會理解成「他被我打」，或是「他打了我」，變成一個模稜兩可的句子。

（五）限制

語言天賦論不能解釋語言能力上有個別差異的事實，例如：華語、日語、英語、德語、法語的語法結構不同，不可能只學會一種語法，就可以用來表達另種語言。

二、行為學習論（經驗論）

（一）觀點：語言發展是行為制約的歷程，因增強作用而引發。

（二）語言發展的理論

1. 操作學習理論

根據行為主義心理學家史金納的操作制約學習原理，幼兒可經由行為制約、增強、類化、辨別和消弱，獲得語言學習。

(1) 指物命名：父母會教導幼兒建立物與名之間的制約關係。

(2) 無目的之聲音組合：7-8 個月的嬰兒發出「ba-ba」、「ma-ma」的聲音，不是因為會喊爸爸或媽媽，經過父母適時的增強，逐漸學會「ba-ba」、「ma-ma」的意義。

2. 社會學習理論

根據美國心理學家班杜拉的觀察（或模仿）學習原理，兒童會透過模仿父母或其他親人而習得語言。

三、認知學習論

（一）觀點：語言發展是個體在周遭環境與認知結構互動下的產物。

（二）代表人物

1. 維高斯基的語言發展論

維高斯基提出大約 2 歲左右的幼兒會出現「自我語言」（類似喃喃自語／獨白），它可以引導並調和思考與行為，促進認知發展，因此教學者應協助學生發展語言能力，成為「鷹架」來促進學習。

2. 沃夫的語言相對假說

沃夫（Whorf）認為人類的思考、經驗和認知都受到語言的影響，例如：不同族群會使用不同結構的語言，引導出不同的思考方式，結果相同事物會有不同解釋事物的觀點。

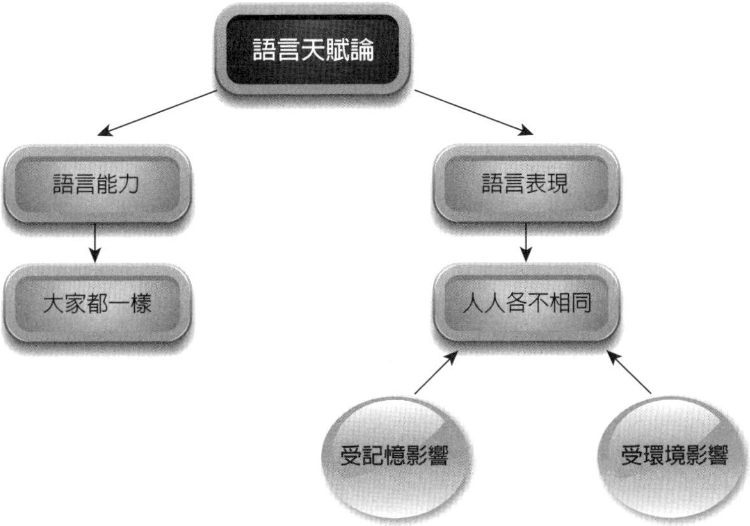

知識補充站

語言學習的脈絡效果

脈絡效果是指個體對一個字的辨識速度和準確度，會受到這個字在句子中脈絡的影響，它可以顯示出閱讀者的語意理解程度，例如：國小學童在學習語文時，經常可以透過前後文的內容來推論一個新詞的意義。

Unit 6-4 語言發展與教育

一、語言發展具有關鍵期

（一）人在幼年時期會有一段時間對語言特別敏感，學習語言最容易。

（二）學習第二語言，初期是成人比兒童有效率，但時間一久反而相反。

二、大腦受傷對語言學習的影響

（一）大腦的「布羅卡區」受傷會失去用功能詞的能力，造成說話上的困難，說話慢又經常發音不正確，也就是罹患「表達型失語症」。

（二）大腦的「維尼基區」受傷會失去用內容詞的能力，造成理解意義上的困難，說話流利卻常會說不出事物名稱，也就是罹患「接受型失語症」。

三、增進兒童語言發展的作法

（一）保護語言器官

1. 注意兒童聽力的保護，一旦發現聽力缺陷應及早就醫。

2. 保護兒童發音器官，避免上呼吸道感染。

（二）創造良好語言環境

1. 親子間的語言溝通

(1) 父母從小提供嬰幼兒適當的語言刺激，奠定學習語言的基礎。

(2) 當幼兒在模仿發音和說話時，父母要給予增強和正確指導。

(3) 父母要營造家庭溫馨、無威脅的氛圍，要傾聽兒童的說話。

(4) 父母和師長應提供良好的語言示範，說話聲調大小要適中。

2. 同儕間的語言溝通

(1) 角色扮演遊戲是學習語言的良好方法。

(2) 同儕一起遊戲或合作完成一項活動，有助於語言溝通和互相學習。

3. 師生間的語言溝通

(1) 教師在語言教學活動中，正確指導並鼓勵兒童使用語言。

(2) 教師要營造融洽的學習情境，引導學生說話和表達的機會。

（三）豐富語言材料

1. 豐富兒童的生活經驗，激發兒童使用語言來表達感受的能力。

2. 多為兒童講故事，培養「聽」和「說」的能力，也能促進親子關係。

3. 多為兒童提供圖畫書或繪本，培養兒童閱讀的興趣。

（四）語言教學原則

1. **直觀教學**：教導兒童認識新詞、語法和用語時，要結合具體的直觀材料，切勿要求機械式的背誦。

2. **正確示範**：家長和教師要提供正確的示範，以利兒童模仿。

3. **練習指導**：多提供兒童練習語言的機會，以及正確的指導。

（五）矯正語言障礙

1. **構音障礙**：構音障礙常出現於 4 歲前，有時 5-6 歲也會發生。常見的構音障礙有：「丟音」（丟掉組成音節的幾個音之一，例如：「姥姥」說成「襖襖」）、「換音」（用一個音代替正確的音，例如：「蘭」代替「男」）、「錯音」（發某些音會出現錯誤或混淆，例如：「ㄗ」、「ㄘ」、「ㄙ」和「ㄖ」、「ㄔ」、「ㄕ」）。

2. **矯正方法**：加強引導和示範，例如：讓兒童注意發音的口形，講解正確的發音方法，糾正不良的說話習慣。

知識補充站

聲母（子音）ㄗㄘㄙ

這些是舌尖前音：發音時，舌尖向前放在上下牙齒之間。

【ㄗ】發音練習時，手掌放在離嘴巴一公分處，沒有感覺到氣出來。

【ㄘ】發音練習時，手掌放在離嘴巴一公分處，有感覺到氣出來。

【ㄙ】發音練習時，手掌放在離嘴巴一公分處，沒有感覺到氣出來。

聲母（子音）ㄓㄔㄕㄖ

這些是翹舌音：發音時，舌尖向上放在牙齒與牙齦之間。

【ㄓ】發音練習時，手掌放在離嘴巴一公分處，沒有感覺到氣出來。

【ㄔ】發音練習時，手掌放在離嘴巴一公分處，有感覺到氣出來。

【ㄕ】發音練習時，手掌放在離嘴巴一公分處，沒有感覺到氣出來。

【ㄖ】發音練習時，手掌放在離嘴巴一公分處，沒有感覺到氣出來。

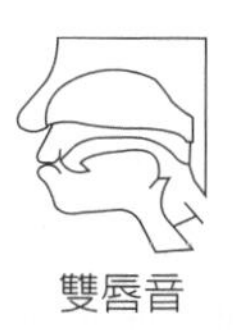
雙唇音

唇齒音

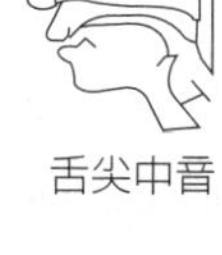
舌尖中音

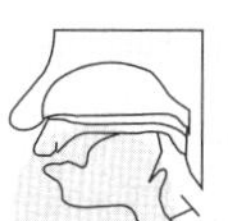
舌尖音

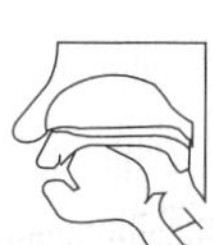
舌齒音

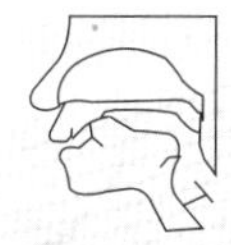
舌尖唇音

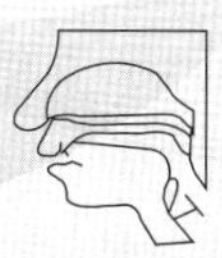
舌尖前音

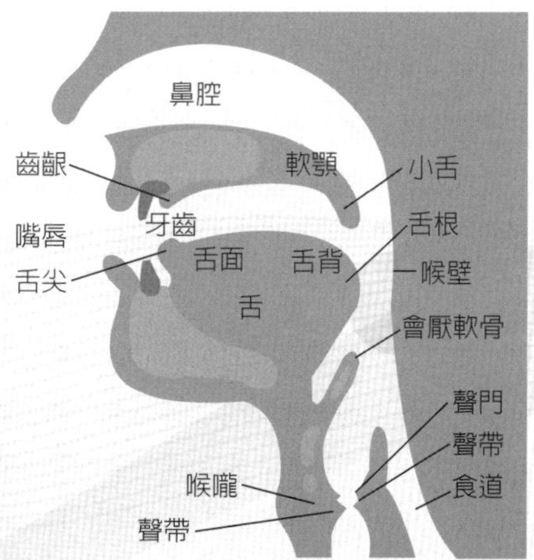

第7章

智力發展與教育

章節體系架構

Unit 7-1 智力的定義與影響因素

一、智力的定義

（一）綜合性定義

智力（intelligence）是一種綜合性的心理能力，由個體先天能力（遺傳）與後天環境（適應）交互作用所產生的能力。

（二）概念性定義

傾向於天賦的潛在能力，較無法測量。包含以下三類：

1. **適應環境的能力**：智力高者，到新環境比較能隨機應變。

2. **學習知識的能力**：智力高者，學習速率快，學習效果佳。

3. **抽象思考的能力**：智力高者，能運用抽象思考來解決問題。

（三）操作性定義

是指運用智力測驗所測得的能力，即智力商數（intelligence quotient, I.Q.）。

二、智力的相關概念

（一）智力不是智慧（wisdom），也不等同於智商。智慧屬於社會歷練，會隨著年齡和經驗而成長，智商則是代表智力的一種指標。

（二）智力不代表創造力，高智力者未必有高創造力，高創造力者至少必須具備中等以上的智力。

（三）不應過度相信智力與學業成就之間的關聯性。

（四）情緒智力：美國心理學家高曼出版《情緒智力》（Emotional Quotient，簡稱 E.Q.）一書，它是相對於 I.Q.（智力商數）而創造出來的名詞。一般可將情緒智力分為五類：認識自身的情緒、妥善管理情緒、自我激勵、認知他人的情緒及人際關係的管理。E.Q. 的重要性表現在生活的各個層面，也會影響個人與他人之間的關係，甚至會影響學業及工作表現。這是因為一個人若能敏銳地察覺自己及他人的情緒，坦誠面對自己的負面感受，同理對方的感受，不任意批評，而且將生活中的困境視為合理的挑戰，那麼就容易與他人保持良好的關係，能夠得到他人的幫助，這樣一來，許多事情都能迎刃而解。

三、智力的影響因素

（一）遺傳

遺傳與智力發展之間，具有高度的相關性。

（二）環境

1. 母胎環境

母親在懷孕期間注意營養、衛生及胎教，有助於胎兒的智力發展。

2. 家庭環境

包括父母的教育程度、父母職業、教養方式、家庭社經地位、居家空間及家人關係等，都對幼兒智力發展有影響，其中以父母教養態度及方式影響最大。

3. 學校環境

包括教師的教學方式、教學態度、教材內容及學校設施等。

4. 社區環境

包括社區的社經水準、社區環境、社區裡可供學習的設施等。

（三）遺傳和環境的交互作用

大部分的人認為，智力是由遺傳與環境交互作用下的結果。

知識補充站

人工智慧

是指讓電腦具有人類的知識與行為，也就是藉由電腦來執行人類智慧的過程。原本人類對各種問題及事物，所引起的思考、判斷、推理、解決問題、計畫及決策等過程，可以被分解成一連串的基本步驟，利用程式設計的方法，將這些過程公式化，然後用來解決或處理各種更複雜的問題。早在1950年代，就有科學家開始從事人工智慧的研究，主要集中在學理問題或棋奕競局的解決。

人腦 → 電腦

怒 → 心平靜氣

察覺自己的情緒

管理自己的情緒

控制自己的情緒

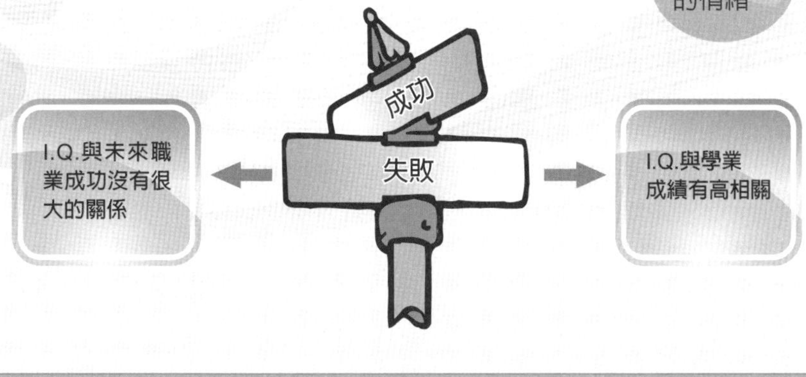

成功

失敗

I.Q.與未來職業成功沒有很大的關係

I.Q.與學業成績有高相關

Unit 7-2 智力發展的理論（一）

智力理論有二因論、多因論、群因論、智力結構論、智力三元論及多元智能理論。

一、二因論

英國心理學家斯皮爾曼（Sperman）在 1927 年倡導，認為智力結構有二個因素：

（一）**普通因素（general factor）**：個人的普通能力。

（二）**特殊因素（special factor）**：個人的某些特殊能力，例如：音樂、美術能力等。

卡特爾（Cattell）則在1957年提出智力的組成，有兩種因素：

（一）**晶體智力（crystallized intelligence）**

1. 是指受後天學習因素影響較大的智力，多半經由語文詞彙及數理知識的記憶加以表現；或是指個人具有的知識與使用知識的能力。

2. 這種智力不會隨年齡而下降，反而會成長至老年，變成各種訊息的收藏庫，像是年長者的晶體智力會因為教育和生活經驗而與日俱增。

（二）**流動智力（fluid intelligence）**

1. 是指受先天遺傳因素影響較大的智力，多半經由對空間關係的認知、機械式記憶、對事物判斷反應速度等方面加以表現；或是指能夠洞悉複雜關係與解決問題的能力。

2. 這種智力會隨著年齡而下降，像是處理新問題的能力，年輕人的學習能力好，可以學會很多新事物，但是 30 歲以後就會呈現下滑趨勢。

二、多因論

（一）**代表人物**：桑代克（Thorndike）。

（二）他認為智力是由許多不同的能力所組成，可分為三類：

1. **抽象的智力**：理解與運用符號（語文和數字）從事抽象思考推理的能力。

2. **機械的智力**：運用感官與肢體動作從事工具操作的能力。

3. **社會的智力**：處理人際關係的能力。

三、群因論

美國心理學家塞斯通（Thurstone）倡導，認為智力包括七種基本能力：

（一）**語文理解能力**：理解語文涵義的能力。

（二）**語詞流暢能力**：語言迅速反應的能力。

（三）**數字運算能力**：迅速計算正確的能力。

（四）**空間辨識能力**：區辨方位及判斷空間關係的能力。

（五）**聯想記憶能力**：將兩個事件相互連結的記憶能力。

（六）**知覺速度能力**：憑知覺快速區辨事物異同的能力。

（七）**一般推理能力**：根據經驗做出歸納推理的能力。

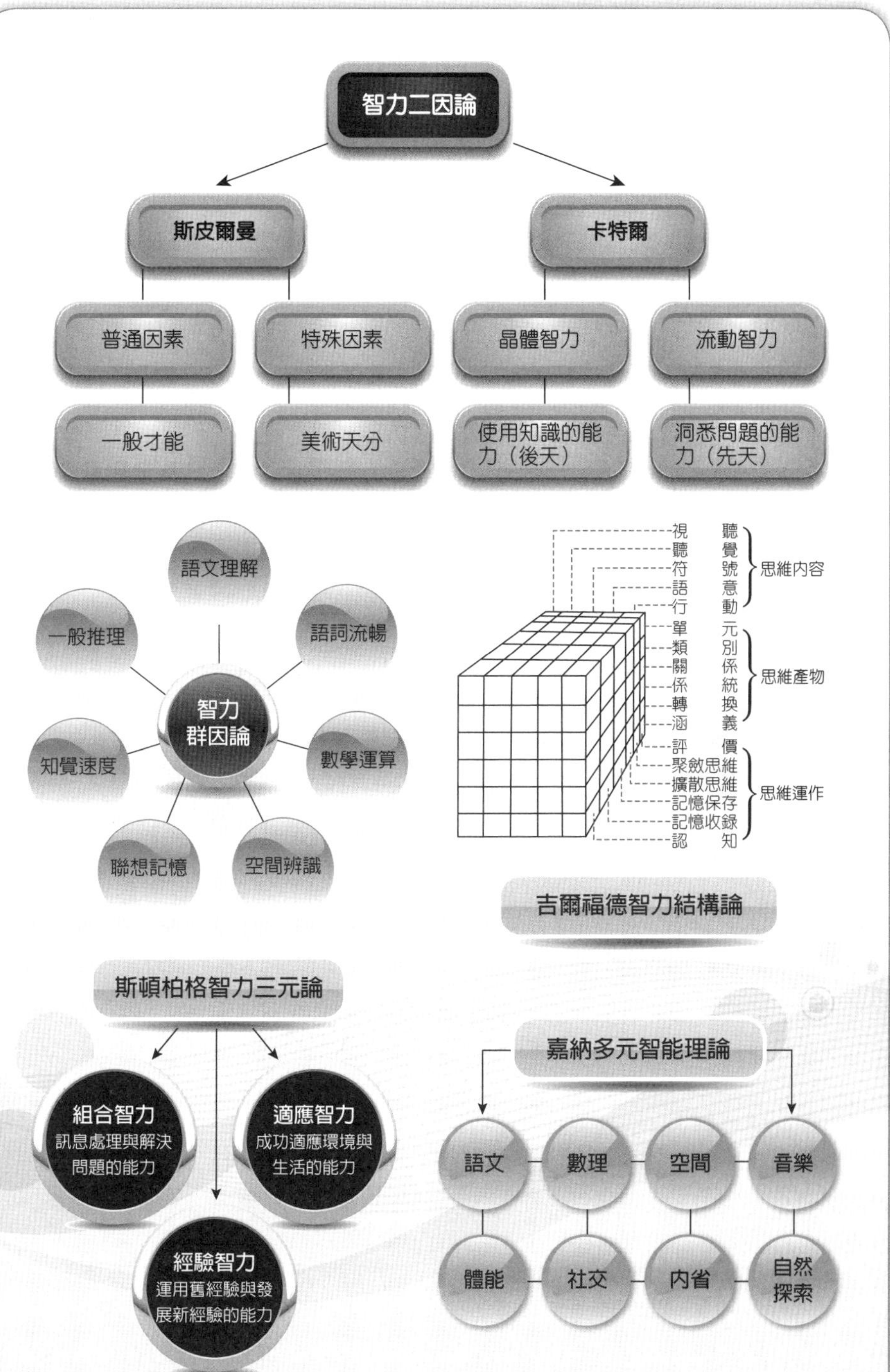
智力二因論
斯皮爾曼
卡特爾
普通因素
特殊因素
晶體智力
流動智力
一般才能
美術天分
使用知識的能力（後天）
洞悉問題的能力（先天）
智力群因論
語文理解
語詞流暢
數學運算
空間辨識
聯想記憶
知覺速度
一般推理
視聽符語行 聽覺號意動 思維內容
單類關係轉涵 元別係統換義 思維產物
評價
聚斂思維
擴散思維
記憶保存
記憶收錄
認知
思維運作
吉爾福德智力結構論
斯頓柏格智力三元論
組合智力 訊息處理與解決問題的能力
適應智力 成功適應環境與生活的能力
經驗智力 運用舊經驗與發展新經驗的能力
嘉納多元智能理論
語文
數理
空間
音樂
體能
社交
內省
自然探索

Unit 7-3 智力發展的理論（二）

四、智力結構論

美國心理學家吉爾福德（Guilford）在1959年倡導。他將智力結構分為思維內容（引發思考的材料）、思維運作（進行思考的心理活動）、思維產物（整理思考的結果）三個向度的立方體，等於智力是由180種不同能力所組成。

（一）**思維內容：**包括視覺、聽覺、符號、語意、行動五項行為。

（二）**思維運作：**包括評價、聚歛思考、擴散思考、記憶保存（長期記憶）、記憶收錄（短期記憶）、認知。

（三）**思維產物：**包括單位、類別、關係、系統、轉換、涵義。

五、智力三元論

美國心理學家斯頓柏格（Sternberg）在1984年倡導。他認為智力由三類不同能力所組成，每類智力又各自包括數種不同的能力。

（一）**組合智力：**訊息處理與解決問題的能力；認知過程中對訊息的有效處理，又包括後設認知（個人支配運用知識與選擇策略的能力）、吸收新知及智能表現的能力。

（二）**適應智力：**成功適應環境與生活的能力；適應環境變化以達到生活目的之實用性智力，又包括適應能力、改變能力及選擇能力。

（三）**經驗智力：**運用既有經驗與發展新經驗的能力；個人修改自己的經驗而達到目的之能力，又包括經驗運用（運用舊經驗解決問題）和經驗改造（改造舊經驗、創造新經驗）的能力。

六、多元智能理論

美國心理學家嘉納（Gardner）認為每個人具有八種以上的智能。他要人們相信「天生我材必有用」的信念，尊重每個學生的個別差異，規劃豐富的學習情境，營造和諧的班級氣氛，安排多元化的教學活動，設計多元評量活動，然後激發學生發揮潛能。

（一）**語文智能：**善用文字與語言，對文字與語言的聲音、意義、結構及韻律具敏感性。

（二）**視覺─空間智能：**能準確感覺與辨識視覺空間，善用意象、表格、圖畫及隱喻。

（三）**數理─邏輯智能：**有效運用數字與推理，具邏輯、計算及抽象思考能力。

（四）**身體動覺智能：**善用身體表達想法與感覺，用雙手生產及改造事物，手眼協調、動作靈活。

（五）**音樂智能：**察覺、辨識及表達音樂的能力，對節奏、音調、旋律、音色及感情具敏感性。

（六）**社交─人際智能：**察覺並區分他人情緒、動機及感覺的能力，對他人臉部表情、聲音、手勢、人際互動具敏感性。

（七）**內省（自知）智能：**認識自我，並能選擇自己的生活方向。

（八）**自然觀察（探索）智能：**能觀察與認識動植物與自然的能力。

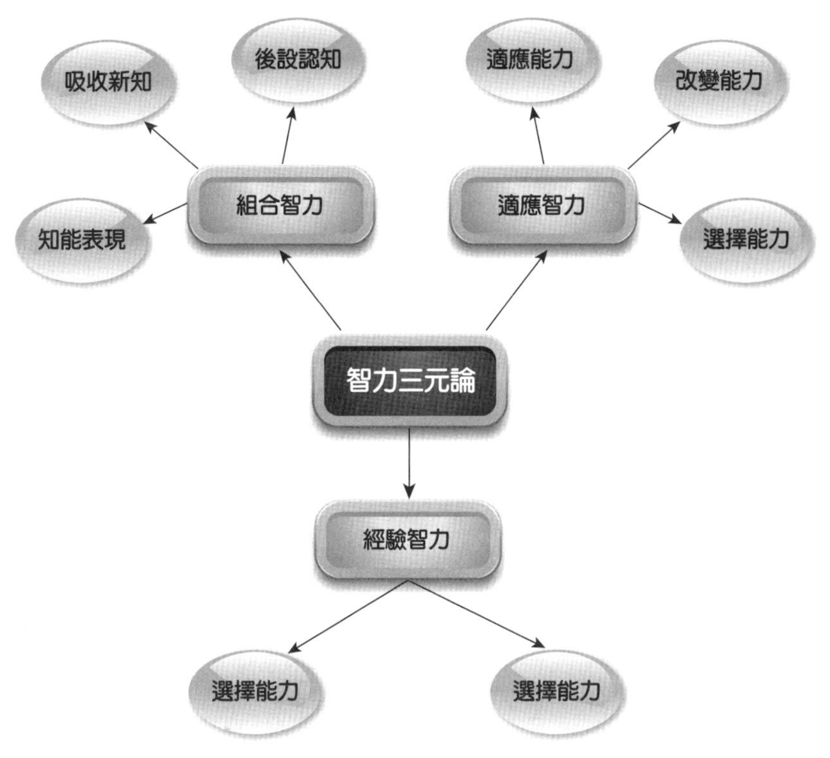

知識補充站

多元智能理論在教學上的應用

丁老師針對「近四成的市售清潔劑恐含有致癌物」的新聞報導，請學生分組蒐集資料，並完成一篇「清潔劑對我們的影響」的專題報告，這問這個學習活動對哪一種智力的發展影響最大？【2007年教師資格檢定考】

解答：數理—邏輯智能。

性向與處理交互作用

柯隆巴（L. J. Cronbach）提出性向與處理交互作用理論（Aptitude-Treatment Interaction），來說明個別差異和教學的關係。學生的個別差異有五類：學習的普通能力、特定領域的先備知識、學習動機、人口統計特性和認知風格。當學生出現學習困難時，教師應探討學生需求並提供適性教學。

Unit 7-4 智力測驗的發展與類型（一）

一、心理測驗的定義和類型

（一）測量心理能力的工具稱為能力測驗，包括成就測驗和性向測驗兩類。另外，還有智力測驗和人格測驗。

（二）**成就測驗：**是看一個人「現在」可以做到什麼地方，又可分為「學業 vs. 職業成就測驗」以及「一般 vs. 分科成就測驗」兩種。

（三）**性向測驗：**是預測一個人「將來」可以做得多好，又可分為「學術 vs. 職業性向測驗」以及「一般 vs. 特殊性向測驗」兩種。其中的一般性向測驗就是智力測驗。

（四）**智力測驗：**是指可以用來衡鑑個體智力高低或診斷智力障礙程度的標準化測量工具，I.Q. 從 50-55 到 70 屬輕度智障，從 35-40 到 50-55 屬中度智障，從 20-25 到 35-40 屬重度智障。

（五）**人格測驗：**是指測量一個人的態度、興趣、氣質、情緒、動機、價值及人際關係等特質的心理測驗。

二、心理測驗要具備的條件

（一）信度

是指測驗的可靠性，即測驗分數的一致性或穩定性，通常信度愈高愈可靠。

（二）效度

是指測驗的正確性，即測驗能測到想要測量特質的程度，通常效度愈高愈可靠。

（三）常模

根據標準化樣本施測結果，將所有受試者的分數，按高低排列所得的平均數就稱為常模。它可用來解釋測驗結果的依據。

（四）實用性

是指一個測驗容易實施、計分、解釋、應用及經濟效益高。

三、早期智力測驗的發展與類型：20 年紀 40 年代以前

（一）生理計量階段

高爾頓（F. Galton）用感官的敏銳度（例如：線條長短、聲音強弱）來推估智力的高低。

（二）心理年齡階段：比西量表

比奈（Binet）和西蒙（Simon）編製世界第一個智力測驗，用來測量 3-18 歲兒童的普通能力。

（三）比率智商階段：斯比量表

美國心理學家推孟（Terman）在 1916 年將比西量表修訂為「斯比量表」，改採「智商」的觀念來表示智力的高低，又稱為比率智商。

（四）離差智商階段：魏氏智力量表

1. 由美國心理學家魏克斯勒（Wechsler）所倡導。

2. 魏氏採用離差智商（Deviation I.Q.），根據常態分配的概念，將智力測驗測得的分數換算為標準分數（Z 分數），然後再看受測者的得分離開平均數（X）的距離有幾個標準差（S.D.），來判定他的智力高低。

比率智商Ratio I.Q.的計算公式

心理年齡（M.A.）÷實足年齡（C.A.）x100，例如：有一個實足年齡5歲2個月的幼兒，如以月為單位計算，C.A. = 62，經過幼兒智力測驗後得到的分數為6歲2個月，M.A.=74，該名幼兒的智力商數為：

I.Q.=（M.A.÷C.A.）x100

=（74÷62）x100 = 119

墨漬測驗作為一種人格測驗

四種心理測驗的意義和內容

比較項目＼測驗類型	智力測驗	性向測驗	成就測驗	人格測驗
測驗意義	又稱普通能力測驗，是指測量受試者智力水準高低的心理測驗。	測量受試者的學習潛能，用來推估未來接受學習或訓練可能成就的心理測驗。	測量受試者運用先天潛能，經過後天教育或訓練學習後，實際獲得的知識和技能。	測量態度、興趣、氣質、情緒、動機、價值及人際關係等特質的心理測驗。
測驗內容	屬認知測驗，用來測量一個人的智愚程度，也可應用來診斷智力障礙程度，但智力測驗分數不是唯一的判斷標準，仍需考量社會和文化的能力。	屬認知測驗，可分為學術性向測驗和職業性向測驗；一般性向測驗和特殊性向測驗。其中的一般性向測驗就是智力測驗。	屬認知測驗，可分為學業成就測驗和職業成就測驗；一般成就測驗和分科成就測驗。	屬情意測驗，用來描述人格的差異。常使用的是自陳量表（要求受試者依自己的感受、意見或自覺情形加以反應作答）和投射測驗（提供一些意義模糊不清的刺激，讓受試者自由反應）。

Unit 7-5 智力測驗的發展與類型（二）

四、晚近智力測驗的發展與類型：20 年紀 40-80 年代

（一）智力是多重因素的綜合能力，不再只是單一的普通能力。

（二）增編了團體智力測驗、非文字智力測驗和適用於成人的智力測驗。

（三）最具權威的三種智力測驗

1. **魏氏成人智力量表**：適用於 16-74 歲的成年人。

2. **魏氏兒童智力量表**：適用於 6.5-16 歲的兒童。

3. **魏氏學前智力量表**：適用於 4-6.5 歲的學齡前兒童。

五、近期智力測驗的發展與類型：20 年紀 80 年代後

（一）增加非語文量表，以減少語言背景的影響，例如：瑞文氏圖形補充測驗。

（二）擴大智力的傳統觀念，將社會適應能力也視為智力，增加社會適應能力量表。

（三）由於身心兩方面是不可分的，將身體運作功能也視為智力，增加身體運作功能量表。

（四）建立不同常模，以因應不同種族及社會背景的人可在公平標準下比較智力高低。

（五）近期有名的智力測驗

1. **麥賽爾（Mercer）的「不同文化多維智力評鑑」**

在 1979 年發展的心理測驗，他修改了魏氏兒童智力量表，適用於 5-11 歲的兒童，增加社會適應和身體功能量表，將做人處事、安排生活、同儕互動、視覺、聽覺和肢體靈活也視為智力的一部分，等於是擴大了智力的概念。

2. **考夫曼等人的「考夫曼兒童智力綜合測驗」**

在 1982 年發展的個別心理測驗，適用於 2-12 歲的兒童，結合成就測驗和性向測驗，以非文字量表為主，文字量表為輔，測量兒童在文字之外對於環境刺激反應的能力。考夫曼認為過去的智力測驗沒有區分智力和成就，智力是思考的歷程，成就是思考的結果，所以這份測驗包含心智運作量表和成就量表，心智運作量表所測量的是系列思考能力（思考歷程是依序進行的，一件事情處理結束再進行下一件）和平行思考能力（可同時處理不同事情並加以整合）。

六、智力取決於先天遺傳或後天環境？

（一）有研究顯示智力是遺傳的。在同卵雙生子（同一個受精卵分裂成兩個一模一樣的細胞，再發展成兩個一模一樣的個體）的研究中，同卵雙生子 I.Q. 之間的相關遠大於異卵雙生子。

（二）斯頓柏格在《超越 I.Q.》（Beyond I.Q.）一書中指出，智力不是靜態的，智力會受到環境影響，智力是可以透過認知歷程的教學和訓練或環境的改變而加以增進的。

（三）綜合來說，遺傳決定了一個人智力發展的上限，但是否能達到上限及充分發揮潛能，則取決於環境。

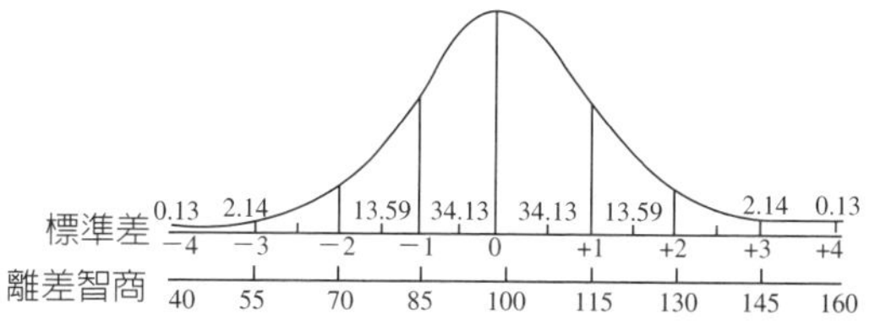

用標準差表示離差智商的常態分配

知識補充站

小明是國中一年級學生，他的魏氏智力測驗分數是100，請問下列何者是正確的？【2005年教師資格檢定考】

（A）小明的魏氏智力測驗成績，顯示他的IQ勝過50%的國中一年級學生。（B）小明的魏氏智力測驗的心智年齡和他的生理年齡相等。（C）小明在魏氏智力測驗測得滿分。（D）小明的學校成績應有中等以上之表現。

解答：（A）。

說明：因為小明的魏氏智力測驗分數100，剛好等於平均數，依據常模的概念，代表他的IQ勝過50%的同質團體。

- 重要的智力測驗
  1. 麥賽爾的不同文化多維智力評鑑
  2. 考夫曼等人的考夫曼兒童智力綜合測驗

- 重要的智力測驗
  1. 魏氏成人智力量表
  2. 魏氏兒童智力量表
  3. 魏氏學前智力量表

- 重要的智力測驗
  1. 比西量表：心理年齡法
  2. 斯比量表：比率智商法
  3. 魏氏量表：離差智商法

智力測驗發展三個階段

Unit 7-6 智力發展與教育

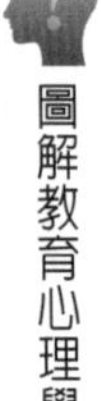

一、智力測驗的功用

（一）用來鑑定學生的智力差異，作為學校實施分組教學的依據。

（二）可以預測學生未來在成就和性向方面的發展，作為學校實施生涯發展教育的依據。不過，這只對中等資質以下的學生做預測才比較有效。

二、智力測驗結果的影響因素

（一）**編製程序的標準化**：包括測驗試題的編擬、分析、選擇和組合等步驟，以及測驗信度、效度、常模的建立。

（二）**實施程序的標準化**：包括施測的程序、記分和結果解釋的一致性。

（三）**受試者的基本能力**：包括受試者的基本學業能力（讀、寫、算）、對指導語和題目的理解程度、作答時的自我監控能力、表達能力和接受測驗的動機等。

三、智力測驗的誤用

（一）對於文化水平不同家庭的學生施以同樣的智力測驗是不公平的，因為來自低層社經背景家庭的學生比較缺乏文化刺激，語文能力也會比較差，結果就會影響到智力測驗的結果。

（二）智力測驗原本是用來測量一個人和學校功課、學業成績有關的能力，智力測驗結果在預知了學生於哪些方面的能力不足後，應即時予以補救，或依據學生能力來調整教材教法，而不是拿來作為編班或標籤化學生的工具，否則智力測驗就有問題。

（三）智力測驗採用「常模參照標準」而非「標準參照標準」，所以只能評定一個人智力得分在團體中的相對位置，無法推知他在學業成就表現的優劣情形。

四、智力測驗與教師期望

智力測驗的結果會影響教師期望，這是因為教師對智力較低的學生會有較低的教師期望，造成在教學活動中「少獎勵、少互動」，也連帶影響學生出現較低的自我評價，因而產生「習得無助感」。像這種不當的教師期望造成學生自認為「我不如人」的預言，久而久之，日後在學習過程中真的逐漸實現了這個預言，這種心理現象就稱為「自驗預言」或「畢馬龍效應」（Pygmalion effect）。

五、促進智力發展的輔導策略

（一）**發展動作及訓練感官**：提供學生大量的動作練習機會，不要過多的限制和約束，當學生的動作行為有好的表現時，要給予鼓勵及增強，如此有助於發展學生智力。

（二）**提供均衡的營養**：增進學生身體健康，也有利於學生智力的正常發展。因此要導正學生偏食、吃零食的不良習慣，避免營養不良或營養過剩而造成發育不良。

（三）**提供適當的刺激**：提供學生豐富的學習環境，有利於激發學生對周遭環境的興趣，並發展正常的智力。

知識補充站

標準參照測驗與常模參照測驗

問題一：如果某縣市的教師甄試想從500名考生中，選取至少能解答考試科目90%的受試者進入複試，應該採用哪一類型的測驗？

解答：標準參照測驗。

問題二：想從50位複試者當中，選取5位最優秀的受試者錄取為正式教師，應該採用哪一類型的測驗？

解答：常模參照測驗。

標準參照測驗是依據受測者的表現與事先具體指定的測驗範圍比較的結果，來決定測驗分數的高低，分數解釋的重點在於「受測者到底學會了什麼？」

「常模參照測驗」注重個人與團體的比較，藉以瞭解個人表現的優劣程度。分數解釋的重點則在於「受測者與一項標準化樣本相較時所占的位置在哪裡？」

簡單來說，標準參照測驗是設定合格標準，到達標準者即為合格；常模參照就像是排名次，判定你在團體中的表現程度。

百分等級（percentile rank，簡稱P.R.）

P.R.=60是指某一個分數在團體中可以勝過60%的人，由此得知這個分數在團體中所占的相對位置。

畢馬龍效應

畢馬龍效應是一項心理學名詞，乃由哈佛大學心理學教授Robert Rosenthal與Jacobson於1968年所作的研究而來。他們對學校裡一群6-12歲的兒童做智商測驗，將他們分成實驗組和對照組，告訴老師們實驗組的學生們智商比較高，老師因此設計較為艱難的課程給這些智商比較高的學生，也花比較多的時間回答孩子們的問題，教學更為認真。一年後這些學生的智商分數果然都增加。事實上，實驗組和對照組的學生們只是隨機挑選，智商高低並沒有太大的不同。由此可說明教師期待會影響到教學態度與方法，也連帶影響到學生的課堂表現。

Unit 7-7 思考發展與教育

一、思考的意義

（一）思考是人們內在的心理活動或認知歷程。

（二）思考可以視為解決問題的能力。

（三）從「功能固著」到「功能變通」：個體在思考問題時常會囿於工具的固定用途而產生思考盲點，導致問題無法解決，例如鐵鎚只能拿來敲東西；或是能靈活運用工具來解決問題困境，又例如鐵鎚可以綁在繩子上，將繩子拋得更遠。

二、思考的方式

（一）**聚斂思考**：縮小問題範圍，尋找一個最佳答案。

（二）**擴散思考**：會嘗試從多種可能當中，尋找一個最佳答案，例如：「球、臉、太陽等，請問這三者的關聯性為何？」答案是：「圓。」

（三）**定程思考**：按一定程序進行的思考方式。

（四）**試探思考**：憑藉個人經驗，從嘗試錯誤中得出答案的思考方式。

（五）**演繹推理**：先設定一個普遍公認的原理原則，從整體的概念進而推論到特定的事例上。例如：A 大前提是「闖越平交道是危險的行為」，B 小前提是「我的行為是闖越平交道」，C 結論是「我的行為是危險的行為」。

（六）**歸納推理**：從很多個別的事件作為前提，進而發展出一個普遍的原則或模式。例如：透過觀察，我們觀察到 100 個闖越平交道的人，有 99 個都被撞死，所以結論就是：闖越平交道是危險的行為。

三、培養思考能力的方法

（一）鼓勵學生主動發覺問題，而非坐著等待問題。

（二）進一步探求問題的性質，找出問題的結構性。

（三）蒐集解決問題的相關資訊，擬定解決問題策略。

（四）實際進行解決問題的行動，多做練習、多嘗試。

（五）事後檢討結果，正確和錯誤的答案同樣加以重視。

四、批判思考的意義

（一）批判思考是一種智能活動，代表一個人解決問題和洞察世事的能力；批判思考是一項重要的學業知能，也是社會智能和實用智能。

（二）批判思考是一種複雜的認知歷程，涉及思考者的知識和技巧與所在情境的互動。

五、促進批判思考的方法

（一）教師要強化有關批判思考教學的信念和專業知識。

（二）教師安排豐富多元的教學情境，營造一個正向批判思考的學習氣氛，促進學生進行知識探索和運用。

（三）教師將批判思考教學融入課程當中，並引導學生能應用於日常生活和解決問題。

演繹推理

闖越平交道是危險的行為

B小前提 — 我的行為是闖越平交道

C結論 — 我的行為是危險的行為

知識補充站

定錨教學

美國范登堡大學（Vanderbilt University）的一個研究團隊採「情境學習」理論為基礎，結合電腦科技和多媒體設計了一套教材（有互動式影碟系統和故事情境），提出「定錨教學」（anchored instruction），他們研究學習者的知識建構歷程，希望學習者如何在模擬真實生活可能面臨的問題情境中，發展出有用的解決問題策略，也藉以瞭解學習者的知識建構歷程。

舉例來說，學生扮演飛行員的角色，學習有關航空學的知識，像是重力、氣流、天氣和基本的飛行動力學。教師引導和訓練學生去經歷這個學習過程，整套的學習和教學活動都被設計和定位在一個情境中，即「定錨」，課程內容讓學習者融入情境，鼓勵學習者去探索、質疑、處理和解決問題。

Unit 7-8 創造力發展與教育（一）

一、創造力的定義

（一）一個人的行為表現富有新奇和價值；一個人見解獨特，能創造出新事物的能力。

（二）創造力包含三種成分，在不斷的交互作用下，進而影響到個體的創意表現：

1. **專業**：個人的基本知識、專業技術和知識。

2. **創意思考技能**：認知、工作風格和創意能力。

3. **工作動機**：對工作的基本態度和知覺。

（三）瓦拉斯（Wallas）認為創造力是一種歷程，包括：準備、醞釀、豁朗、評價和修正等五個歷程。

（四）吉爾福德（Guilford）認為智力結構中的擴散思維就是創造力，不囿於唯一法則來解決問題的能力。

二、創造力的特質

（一）**敏覺性**：敏於察覺事物的疏漏和不尋常的能力，例如：調整幼兒房間擺設，能夠很快察覺出來。

（二）**流暢性**：反應靈敏、思路流暢的能力，面對問題情境時，能在短時間內想出各種不同答案的能力，例如：在 5 分鐘內能說出杯子的 10 種用途。

（三）**變通性**：隨機應變、舉一反三的能力，例如：什麼物品可歸類為「裝東西」和「當玩具」，能想出愈多的類別愈好。

（四）**獨創性**：標新立異、獨具慧心的能力，例如：杯子除了可用來裝東西外，還可以種植物。

（五）**精進性**：思考細密、做事注重細節的能力，例如：幼兒畫媽媽時，將媽媽戴的戒指、臉上皺紋等細微處畫出。

三、創造力發展的影響因素

（一）個人方面

1. **人格特質**：創造力高的兒童，大都具有好奇心、冒險心、挑戰心、想像力的人格特質。

2. **性別**：創造力的表現，不受性別差異的影響，但社會對性別角色的差異會造成創造力受到影響，例如：人們常允許女童有較多依賴和從眾的行為，而要求男童有較多的獨立及冒險心。

3. **智力**：智力與創造力是二種不同的能力，智力高的兒童未必具有高的創造力，但創造力高的兒童必須是智力在中等以上者。

（二）家庭方面

1. **家庭社經地位**：家庭社經地位高的兒童有比較高的創造力，因為父母能提供豐富的學習環境和文化刺激。

2. **家庭氣氛與教養態度**：輕鬆開朗的家庭氣氛、良好的親子關係及正向的教養態度，有利於創造力的發展。

3. **家中排行順序**：一般說來，長子常受父母要求順從的壓力，創造力較不及排行在中間的兒童及么子。

杯子的10種用途：

1.喝水　2.當筆筒　3.當擺飾　4.當禮物送人　5.養魚　6.種花草　7.裝米飯或喝湯　8.當乞討工具　9.畫圓　10.凍冰塊

瓦拉斯的創造思考五階段展

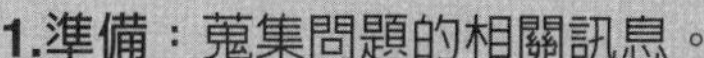

1.準備：蒐集問題的相關訊息。

2.醞釀：將問題思考放入潛意識中。

3.豁朗：解決問題的方法突然出現在意識層次。

4.評價：檢證解決問題的可行性。

5.修正：將可行的方法加以修正。

知識補充站

創造力測驗

一、陶倫斯的創造思考測驗（Torrance test of creative thinking）

陶倫斯創造思考測驗圖形版由李乙明在2006年修訂出版，測驗功能有：1.藉由畫圖的方式評估學生的創造力表現；2.評估學生五種創造力特質的相對優勢能力；3.提供發展適性課程的參考。測驗對象適用一年級到高三，測驗內容是藉由畫圖方式表現出對刺激圖形的反應，有甲、乙兩個複本，可交替使用。每個複本均有三個活動設計，評估學生的五種創造力特質，並有創造潛能優異檢核表，進一步評估學生的優勢能力。

二、威廉斯創造力測驗（Creativity assessment packet）

由林幸台和王木榮在1994年修訂出版，測驗功能有：1.篩選具有特殊才能與創造能力的學生；2.甄選參加發展創造力方案或資賦優異教育方案的學生。適用對象是四年級至高三，測驗內容共分三部分：1.創造性思考活動，將已有的線條完成為有意義的圖畫，共12題；2.創造性傾向量表，三點量表，共50題；3.創造性思考與傾向評定量表，三點量表，共48題。前兩部分評估學生的創造力特質，第三部分評估學生的創造力行為。

Unit 7-9 創造力發展與教育（二）

（三）**學校方面**

1. 只注重成績，要學生循規蹈矩。

2. 課程內容採教師本位，教材選擇缺乏彈性。

3. 教師固執己見，無法容納學生有不同的意見。

4. 教師對於學生各種天馬行空的想法，予以嘲笑或忽視。

5. 過分重視成功，使得學生不敢有越軌行為。

6. 將遊戲和興趣當成工作，不容嬉戲。

7. 評量要求單一的標準答案。

8. 教師採權威的管理方式，強迫學生依令行事。

9. 教室布置單調，學習情境枯躁。

（四）**社會方面**

1. **不當的社會態度**：傳統的社會價值觀念要求學生必須服從，不鼓勵想像力。

2. **社會酬賞的缺乏**：日常生活中，對於學生的創造力很少給予鼓勵，使學生感到挫折。

四、促進創造力的方法

（一）**安排豐富多元的學習環境**

1. 精神環境方面，父母及教師對學生的態度要尊重自主、容納異見。

2. 物質環境方面，提供豐富且適合學生身心發展的學習材料及玩具。

3. 教學環境方面，父母及教師宜採民主開明的指導方式。

4. 社區環境方面，多利用社會資源，經常帶學生參觀社區裡的圖書館、美術館、博物館、科學館及名勝古蹟等，以充實生活經驗，豐富學生心靈。

（二）**提供各種創造性的遊戲活動**

1. 父母及教師提供各種情境機會，引導學生從事創造性活動，以培養學生創造思考的興趣及能力。

2. 透過造型活動、音樂活動、語文活動、戲劇活動、科學活動，激發學生的觀察力、想像力和創造力，並擴充生活經驗。

（三）**提供閱讀討論及腦力激盪的機會**

1. 家庭及學校可充實具有啟發性的圖書，父母及教師應陪同閱讀，鼓勵學生發問討論。

2. 培養學生與同儕討論時，能尊重及容納他人不同的意見，進行腦力激盪，或運用「6W」的問題型態（誰？什麼？為什麼？何時？哪裡？如何？），以刺激學生創意思考。

（四）**從日常生活培養學生創造思考的態度**

1. 傾聽、悅納並尊重每一位學生，分享彼此感受。

2. 嘗試提供各種學習經驗，讓學生從錯誤中學習。

3. 提供安全、無威脅且多元的學習環境。

4. 父母及教師以身作則，樂於接受學生的想法。

5. 與學生建立良好的人際互動關係。

6. 提供給學生做決定的機會，勿強迫服從。

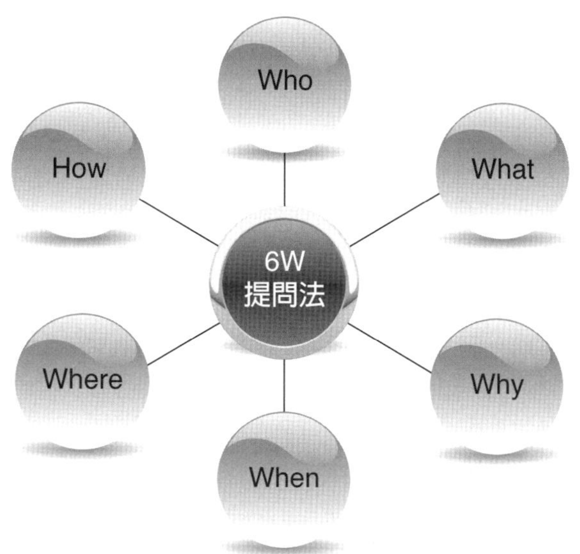

知識補充站

曼陀羅思考法

日本人金泉浩晃所提出的一種創造思考法，以思考主題為中心向四方擴散思考，將產生新的觀點，填入外圍的八格內，知識將由外尋，變成內化而轉成智慧，再以九宮格的方式呈現資料，是一種兼具結構化與擴散思考的策略，易於組織資料，並刺激出更多的新想法。基本型式有二：其一是以主題為中心，將想法向四面擴散，其二是由中心的主題方格為起點，以順時鐘的方向逐步思考到最後的結論。

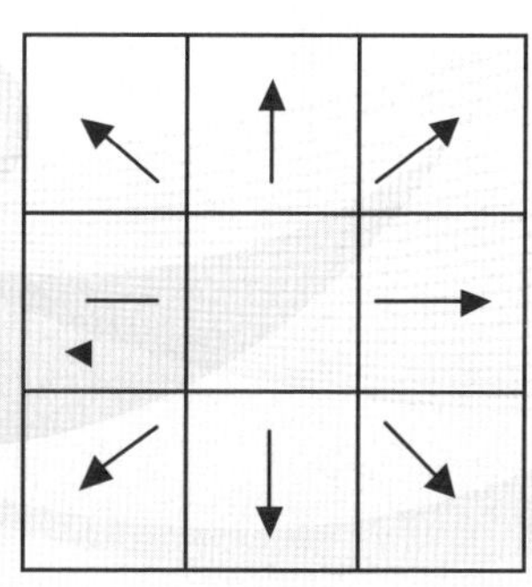
擴散思考

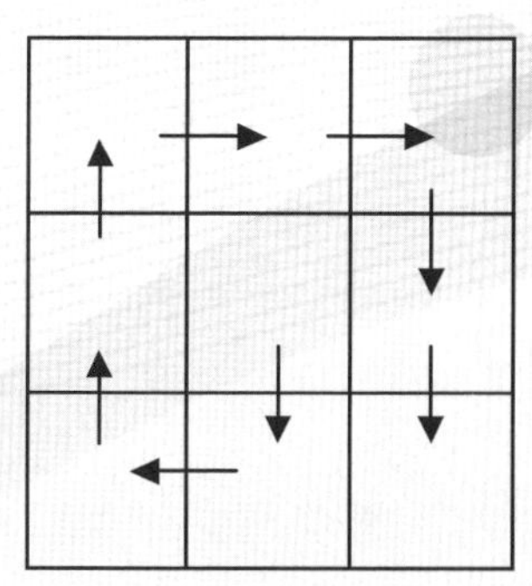
聚斂思考

行為主義心理學的學習理論

章節體系架構

Unit 8-1 行為主義心理學概述

一、學習的基本定義

（一）學習因經驗或練習而產生。

（二）學習會促使人類的行為產生改變，而且具有持久性。

二、三大學派對學習的看法

（一）行爲學習理論

1. 學習是外塑的歷程。

2. 學習是個體在活動中受外在因素影響，促使行為產生改變的歷程。

（二）認知學習理論

1. 學習是「由既知而學到新知」的歷程。

2. 學習是個體對事物加以認識、辨別和理解，進而獲得新知識的歷程。

（三）人本學習理論

1. 學習是內發的歷程。

2. 學習是個體隨著意志或情感，對事物自由選擇，進而獲得知識的歷程。

三、學習的條件

美國教育心理學家蓋聶（R. M. Gagné）提出影響學習結果的條件有二：

（一）內在條件：是指學生在學習前應該有的先備知識、技能和態度。

（二）外在條件：是指教師應設置有助於學生學習的一切情境。

四、學習的階層（或類別）

蓋聶提出學生學習能力的發展有八個階層，也代表八種由簡而繁的學習行為：

（一）訊號學習：是最原始的學習方式，例如學會冒煙是火燒的訊號。

（二）「刺激—反應」連結學習：是動作學習和語文學習的基礎，例如「指物命名」。

（三）連鎖化學習：是多個「刺激—反應」連結所串聯起來的行為，例如連結單字變成一個語詞，「快」+「樂」=「快樂」。

（四）語文連結學習：是把很多個單字和語詞連結成一個有意義且完整的語句。

（五）多重辨別學習：例如學會破音字的讀法，「那本書很便（ㄆㄧㄢˊ）宜，你如果方便（ㄅㄧㄢˋ），請幫我買一本。」

（六）概念學習：能夠把許多不同事物，依據特徵加以歸類的能力。

（七）原則學習：能夠理解多種概念之間的關係，例如「四個邊和四個角都相等的是正方形。」

（八）問題解決學習：能夠運用概念和原則來解決問題的能力。

五、行為主義心理學的共通點

（一）都認為學習是「刺激—反應」連結的歷程。

（二）都認為人的行為是制約或條件化的結果，所有行為都是學習而來的，因此，行為學派相當注重行為學習歷程的分析。

學習是不斷練習和經驗累積的結果

冒煙可能發生火燒

牠是一隻鹿

古典制約

操作制約

社會學習

共通點：學習是「刺激－反應」連結的歷程。

Unit 8-2 古典制約理論

一、核心觀點

古典制約理論認為個人行為是「刺激—反應」的連結。

二、巴夫洛夫及其主張

（一）巴夫洛夫

蘇俄生理學家巴夫洛夫（Ivan Pavlov）在 1900 年左右研究狗的消化腺分泌變化，發現消化腺分泌量的變化，與外在刺激的性質及刺激出現的時間有密切關係。

（二）實驗設計及主張

他以引起狗唾液分泌的食物為例，如果讓一隻飢餓的狗吃到食物，或放置食物在狗的面前時，狗的唾液就會增加分泌。但是在實驗中發現，如果有其他原來與唾液分泌毫無關係的中性刺激（例如：盛食物的器皿或送食物者的腳步聲）與食物同時或稍前出現多次，以後單獨出現時，也會引起狗的唾液分泌。後來，巴夫洛夫進一步採用食物之外可以操縱的刺激物，如鈴聲與燈光等，嚴密控制出現的時間條件，並仔細記錄狗唾液分泌量的變化，最後建立條件制約理論，後人稱為古典制約理論。

（三）重要變項

他在實驗設計中指出，古典制約之形成乃繫於以下幾個變項（variable）或因素：

1. **非制約刺激**（unconditioned stimulus，**簡稱** UCS **或** US）：是指本來就能引起個體某固定反應的刺激，例如引起唾液分泌的食物。

2. **非制約反應**（unconditioned response，**簡稱** USR **或** UR）：是指由非制約刺激原本即可引起的固定反應，例如由食物所引起的唾液分泌。

3. **制約刺激**（conditioned stimulus，**簡稱** CS）：是指原來的中性刺激，例如與食物同時或稍前出現的鈴聲。

4. **制約反應**（conditioned response，**簡稱** CR）：是指制約形成後由制約刺激所引起的反應，例如由鈴聲引起的唾液分泌。

三、華生：行為主義心理學的創始人

（一）巴夫洛夫的實驗結果是用來解釋動物的行為，但美國心理學家華生（J. B. Watson）則是用來解釋人的行為，因此成為行為主義心理學的創始人。

（二）華生認為人的行為是一連串「環境刺激—個體反應」組合下的結果。

（三）華生認為可以運用實驗研究設計來操控刺激變項，然後就能建立起預期的反應行為。

（四）華生主張「教育萬能說」，他認為「教育等同訓練」，他說：「給我一打健康的孩子，我可以把他們訓練成醫生、律師，也可以成為乞丐或盜賊。」

當拿出食物時，狗開始流唾液

鈴聲響與食物同時呈現數次後，食物與鈴聲連結在一起

最後狗聞鈴聲響就流唾液

巴夫洛夫的狗消化腺分泌實驗示意圖

古典制約各變項關係

階段		刺激	反應
制約前	1	非制約刺激（UCS）（食物）→	非制約反應（UCR）（唾液分泌）
	2	制約刺激（CS）（鈴聲）→	引起注意但無唾液反應
制約中（多次重複）	3	制約刺激（CS）（鈴聲）⇢（刺激替代） 非制約刺激（UCS）（食物）→	非制約反應（UCR）（唾液分泌）
制約後	4	制約刺激（CS）（鈴聲）→	制約反應（CR）（唾液分泌）

Unit 8-3 操作制約理論（一）

一、核心觀點

（一）操作制約理論強調學習中重複的作用及行為的結果。

（二）與古典制約理論相同點，都認為學習是「刺激—反應」連結的歷程。

（三）與古典制約理論相異點，古典制約的行為反應是被動的、無意識的，操作制約的行為反應是主動發生的、有意識的。

二、桑代克及其主張

（一）桑代克

美國心理學家桑代克（Thorndike）實驗觀察貓逃出迷籠的行為，發現貓是利用嘗試錯誤的學習過程，使得盲目的行為愈來愈減少，並獲得解決問題的方法。

（二）試誤說

學習就是一連串的嘗試錯誤，然後逐漸學會正確反應的歷程。

（三）學習三定律

1. **練習率**：「刺激—反應」的連結，會隨著練習次數的增加而增強。

2. **準備率**：個體在準備反應（有某種需求）的情形下，因為反應而獲得滿足，日後也會出現同樣的反應。

3. **效果率**：學習行為會依據反應後得到的效果而定，例如得到獎賞就會增加「刺激—反應」的連結，若是得到懲罰則會減低「刺激—反應」的連結。

（四）學習遷移說

當前後兩次刺激情境有共同元素時，在前次學到的「刺激—反應」連結，會幫助類化到日後的其他情境中，例如：學習加法有助於乘法的學習。類化學習的應用可舉下例來做說明：小芫害怕打針，慢慢的她不僅開始對穿白袍的醫生或護士感到恐懼，甚至於對穿白上衣的人也都感到恐懼，這就是刺激類化作用。再例如：大雄打破家裡的花瓶，因為否認而避免了被責備，後來他在幼兒園裡打破玻璃也否認到底，這就是類化學習的結果。

三、史金納及其主張

（一）史金納

1. 史金納（Skinner）是極端行為主義的代表人物。

2. 他認為學習乃是直接觀察兒童在環境改變的因素下，所產生的行為改變。

3. 他認為兒童大部分的行為都是透過操作制約學習歷程所建立的。

（二）與效果率的不同點

1. 史金納用增強作用來取代獎賞的意義。

2. 他認為行為的建立端賴於行為的後果是增強或懲罰而決定，此乃環境中的刺激因素。

3. 增強常被用來建立或塑造兒童具有好的行為，懲罰則被用來消除不好的行為。

（三）後效增強原理

是指個人因為努力而成功，日後會更加努力。相反的，因為逃避而免於懲罰，日後會繼續逃避。這就說明個人行為的後果，會決定日後的行為。

知識補充站

桑代克的重要貢獻

1. 第一個以科學方法研究動物行為，並建立系統學習理論的人。
2. 第一個建立同元素學習遷移理論的人。
3. 出版第一本根據科學驗證資料來撰寫的教育心理學專書。

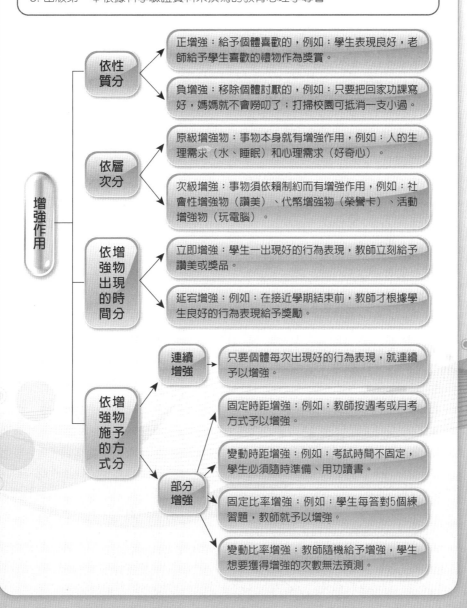

增強作用

- 依性質分
  - 正增強：給予個體喜歡的，例如：學生表現良好，老師給予學生喜歡的禮物作為獎賞。
  - 負增強：移除個體討厭的，例如：只要把回家功課寫好，媽媽就不會嘮叨了；打掃校園可抵消一支小過。
- 依層次分
  - 原級增強物：事物本身就有增強作用，例如：人的生理需求（水、睡眠）和心理需求（好奇心）。
  - 次級增強：事物須依賴制約而有增強作用，例如：社會性增強物（讚美）、代幣增強物（榮譽卡）、活動增強物（玩電腦）。
- 依增強物出現的時間分
  - 立即增強：學生一出現好的行為表現，教師立刻給予讚美或獎品。
  - 延宕增強：例如：在接近學期結束前，教師才根據學生良好的行為表現給予獎勵。
- 依增強物施予的方式分
  - 連續增強 → 只要個體每次出現好的行為表現，就連續予以增強。
  - 部分增強
    - 固定時距增強：例如：教師按週考或月考方式予以增強。
    - 變動時距增強：例如：考試時間不固定，學生必須隨時準備、用功讀書。
    - 固定比率增強：例如：學生每答對5個練習題，教師就予以增強。
    - 變動比率增強：教師隨機給予增強，學生想要獲得增強的次數無法預測。

Unit 8-4 操作制約理論（二）

四、四種行為改變策略

（一）正增強

在學習過程中，為提高預期行為的出現，所呈現個體喜愛的刺激物。例如：學生回答正確，教師用口頭誇獎作為增強；學生的考試分數高於某一標準，教師給予集點卡。

（二）負增強

在學習過程中，被誘發預期行為的出現，所撤走或取消嫌惡的刺激物。簡言之，因為增強物的移除而增加該行為再發生的機率。例如：被罰站的學生只要不再與隔壁同學交頭接耳，教師就准許回座坐下；學生上課如果專心聽講，就減少回家作業分量。

（三）懲罰

在學習過程中，為減少非預期行為的發生，所呈現讓個體會感到嫌惡或不愉快的刺激物。例如：學生不按時繳交作業，教師就責罵或打手心；又如：小英每次打她弟弟，小英的父母就會讓她面壁思過，希望她不會再打弟弟，這就是採懲罰（嫌惡刺激）來抑制負面行為。

（四）隔離

當學生表現出某種「不受歡迎的行為」時，教師立即終止學生行為，或取消（剝奪）學生所嗜好的正增強物來消弱不當的行為，例如：聽音樂、遊戲、競賽、繪畫或吃點心等。

五、古典制約理論在教育上的應用

（一）幼兒學習單字時，所用的圖形和字形的聯對法。

（二）可用來解釋教室（或學校）恐懼症的原因，例如：學生因為考試差而遭到懲罰，結果造成心生恐懼，久而久之，就會對進到教室（或學校）情境感到恐懼。

（三）可用來矯正學生的偏差行為，例如：有學習不佳的學生故意在課堂上發出怪聲，藉以引起教師注意，如果教師當眾指責該生反而會增強他的行為，如果不予理會該生行為就會消弱他的不當行為，此為忽視法的應用。

六、操作制約理論在教育上的應用

（一）行爲塑造法

又稱「連續漸進法」，例如：訓練兒童自己上桌吃飯，開飯前當他可以自己走向飯前就立刻給予獎賞；再來，當他自行坐上座位就立刻給予獎賞；第三，當他坐定後可以拿起調羹就立刻給予獎賞；第四，當他可以自己用調羹吃飯就立刻給予獎賞。

（二）代幣法

是指使用象徵物來代替實獎勵，例如：點券、積分卡、貼紙、榮譽卡、獎狀等來兌換獎品實物，符合後效增強原理。

（三）普力馬克原則

欲取得想要的事物，就要先完成比較不想要的事物，又稱為「老祖母規則」，老祖母會對孩子說：「吃完你的蔬菜，你就可以到外面玩耍。」應用到教育上，教師對學生說：「只要做完功課，你就可以玩電腦。」或是說：「如果大家可以安靜上課，老師就講故事給你們聽。」媽媽對子女說：「只要收好玩具，你就可以看卡通。」

四項行為改變策略之比較

種類／策略	增強物	
	正增強物	負增強物
給予	獎賞或正增強	懲罰
拿掉	隔離	負增強

古典制約和操作制約理論之比較

		古典制約理論	操作制約理論
同	1. 均受到某些條件所制約 2. 學習均是「刺激－反應」間連結的關係		
異	刺激－反應連結方式	刺激在前，反應在後	反應在前，刺激在後
	反應內容	非制約反應＝制約反應	非制約反應≠制約反應
	學習法則	刺激替代	後效增強
	行為產生方式	反應是被動引發的（如分泌唾液的狗）	反應是主動發生的（如迷籠的貓）

知識補充站

行為改變技術的應用

小明故意把小沛的水杯打翻，老師要求小明跟小沛道歉，幫小沛倒水、把地板擦乾，甚至要求小明把全班的地板用拖把拖過一遍，這是運用行為改變技術中的「過度矯正」策略。

代幣法的應用

老師為了鼓勵學生可以踴躍發言，規定只要課堂上舉手發言就可以拿到一張好寶寶卡，集滿10張就可以在平時成績加1分，好寶寶卡就是作為增強物的代幣。

行為塑造法的應用

小珊的英文考試成績只有35分，老師告訴小珊，只要下次英文考試可以達到45分以上就可以得到獎品。後來小珊果然達到老師要求的標準，也獲得獎品。接下來老師又告訴她，下次考試要達到55分才會給獎品，老師採用的是連續漸進的行為改變技術。

Unit 8-5 社會學習理論

一、核心觀點

社會學習理論認為學習是經由觀察和模仿他人（或楷模）的行為而得，尤其是在兒童階段，透過觀察和模仿可以間接習得許多知識。

二、班杜拉及其主張

美國教育心理學家班杜拉（A. Bandura）是社會學習論（又稱修正的行為主義理論、模仿學習理論或觀察學習理論）的創始人，他提出兩個重點：

（一）「刺激－反應」連結不是構成學習的必要條件，只是個體對環境認知的一種訊息。

（二）個體以旁觀者的身分，觀察他人的行為表現就可獲得學習。

三、三元學習說

他提出「學習＝環境因素＋個人行為＋個人對環境的認知」，學習不是只有刺激反應或因為增強物的出現，還包括個人對環境或刺激的主動認知，個人會知道做什麼事會帶來什麼結果。

四、模仿學習的四種方式

（一）**直接模仿**：是一種最簡單的模仿學習方式，例如：幼兒模仿大人使用筷子吃飯。

（二）**綜合模仿**：綜合多次所見，而形成自己的行為，例如：兒童看到爸爸墊腳在椅子上修電燈，看到媽媽墊腳在椅子上擦窗戶，他也學會墊腳在椅子上拿書架上的書本。

（三）**象徵模仿**：學習者模仿楷模人物的性格或行為背後代表的意義，而不是直接模仿其具體行為，例如觀看電影而學到勇敢行為表現的人稱為英雄。

（四）**抽象模仿**：學習者觀察學到的是抽象原則，而非具體行為，例如學生從教師對例題的講解中，學到解題的原則。

五、兒童最常模仿的楷模對象

（一）兒童心目中最重要的人，尤其是在生活上的影響。

（二）兒童喜歡模仿相同性別的人，在家庭中，女兒模仿母親，兒子模仿父親，藉以發展出性別認同。

（三）兒童喜歡模仿曾獲得榮譽、出身高社經地位兒童的行為。

（四）兒童相同年齡、相同社經地位者，彼此也會喜歡互相模仿。

六、模仿（觀察）學習的四個階段

（一）**注意階段**：個體會注意楷模表現行為的特徵，並瞭解行為所蘊含的意義。

（二）**保持階段**：個體觀察到楷模某項行為後，會將觀察所見轉化為表徵性的心像（記下行為的特徵）或表徵性的語言符號（能用語言描述楷模的行為）。

（三）**再生階段**：個體對楷模行為觀察後，納入記憶，然後再以自己的行動表現出來。

（四）**動機階段**：個體不僅經由觀察模仿，從楷模學到行為，而且也願意在適當時機將學得的行為表現出來。

Knowledge 知識補充站

應用社會學習理論推動品格教育

提供良好的學習楷模：教師和家長要以身作則，表揚品行優秀學生，讓學生經由觀察和模仿他人的良好行為表現，形成替代性增強而學會見賢思齊。

應用社會學習理論改進辦公室公文延誤狀況

1. 樹立良好楷模：上司以身作則，今日事今日畢。
2. 觀察學習歷程
   (1)注意：個人會注意到身邊同事都能準時處理好公文。
   (2)保持：個人會將觀察所得記在心中。
   (3)再生：個人開始學習做到如期完成公文。
   (4)動機：個人也因此獲得上司獎勵，產生自我增強，提升自我效能。

Unit 8-6 行為主義學習理論在教育上的應用

一、編序教學

先確定學生的起點行為和終點行為，把教學單元分成很多小單元，依序編成由易而難的教材，然後讓學生可逐步漸進的完成學習，符合後效增強原理。

二、電腦輔助教學

原理大致與編序教學相同，利用電腦的輸入、儲存、記憶、提取的優點，讓學生透過電腦操作來學習知識。

三、精熟學習

（一）美國心理學家布魯姆（Bloom）和卡洛（Carroll）提出的，認為學習成就落差主要是因為所需的學習時間不足；只要給予學生足夠的時間，每個學生都能成功學習。

（二）影響學生學習的兩個因素：穩定變項（如智力和社經地位等）和可改變變項（認知和情意的起點行為、教學品質）。

（三）教學策略

1. 先將教材區分為許多小單元，每1-2 週教完一個單元。

2. 針對教學目標來設計評量題目，使所有學生都能達到 80-90%。

3. 每次評量後立即核對答案，沒有通過者施予補救教學。

4. 學習速度較快者，施以充實教學（加深、加廣）。

5. 舉行期末評量，預期 80% 的學生可以考到甲等。

（四）教學步驟

1. 精熟學習計畫的擬定

(1) 分析學習目標；(2) 編排學習內容；(3) 編製形成性評量；(4) 設計回饋校正及充實活動；(5) 編製總結性評量。

2. 精熟學習的實施

(1) 精熟學習法的引導；(2) 精熟教學，包括提示、參與、增強與獎賞、回饋及校正；(3) 進行形成性評量；(4) 引發學習動機；(5) 校正及充實活動的安排。

3. 進行總結性評量。

四、凱勒計畫

美國哥倫比亞大學心理學家凱勒（F. S. Keller）在 1960 年代提出個人化教學系統（Personalized System of Instruction，簡稱 PSI），就是所謂的凱勒計畫。凱勒計畫是屬於個別化教學理論之一，受到行為主義心理學的影響，試圖改進當時教學的缺失。教學全程幾乎看不到教師講課，而是採學生自學輔導的方式，學生可以在任何地方和任何時間進行學習。學習告一段落就可以要求教師給予評量考試，考完後由教師或教學助理立即批改，如果通過熟練標準，學生可決定繼續參加下一單元考試或做其他活動。

五、自我調整學習

班杜拉認為，人會自己觀察自己的所做所為（自我觀察），也會自己設定某些行為標準（自訂標準），以自我讚許或自我懲罰（自我獎懲）的方式去評價自己的行為（自我評價），如果覺得自己的行為符合標準就會感到滿足，進而增強這個行為（自我增強）。

知識補充站

自我調整學習

人會觀察自己的行為，也會設定標準來判斷自己行為的表現，然後給予自我增強或懲罰。例如：同樣考數學90分，有的學生會很高興，覺得自己的表現很好，有的學生會覺得相當失望。所以，我們可以教導學生學會監控和調整自己的行為。

負增強物和懲罰的比較

	負增強物	懲罰
意義	提供嫌惡刺激，個人為避免嫌惡刺激而產生迴避學習，做出期望塑造的良好行為。	施予式處罰和剝奪式處罰，讓個人因為遭受到痛苦刺激，立即停止不良行為，並知道錯誤所在。
目的	建立良好行為	避免不良行為發生
使用時機	個人需表現出良好行為，以避免接受負向增強物，未接觸到嫌惡刺激。	個人表現出不良行為，被迫接受嫌惡刺激。
缺點	施行不當會產生不適應的行為，像是教室恐懼症。	施行不當會產生敵對或自虐行為。

認知主義心理學的學習理論

章節體系架構

Unit 9-1 認知主義心理學概述

一、對學習的看法

（一）學習是個體內在心理運作、思維活動的歷程。

（二）學習是個體對事物經由認識、辨別、理解，進而獲得新知識的歷程。

（三）學習是內發的、主動建構的歷程。

（四）學習是演繹的歷程，由普遍原則到特殊事例。

（五）學習可以促進學生主動求知的能力。

（六）重視學生思維的改變歷程，強調意義化、知識結構和學習策略。

（七）重視學生「學習如何學習」的能力培養。

二、認知主義心理學的發展

（一）起源

哲學心理學時期，西方哲學家提出知識論來探討人類知識的起源，分成理性主義（先天理性）和經驗主義（後天經驗）兩個派別。

（二）第一個階段：19 世紀末至 20 世紀 20 年代

馮德倡導結構主義，他採用內省法來探討人類的意識結構。其後，詹姆斯倡導功能主義，提出短期記憶和長期記憶等術語。

（三）第二個階段：20 世紀 20 年代至 20 世紀 60 年代

興起完形心理學（又稱格式塔心理學），探討知覺組織、思維和解決問題等課題為主。

（四）第三個階段：20 世紀 60 年代以後

1. 蘇聯發射史潑尼克人造衛星升空後，導致美國重視知識教學，布魯納的發現學習理論和奧蘇貝爾的意義學習理論受到重視。

2. 奈瑟（U. Neisser）在 1967 年出版《認知心理學》一書，確定了認知心理學的名稱。

3. 電腦的發明與應用，使得研究認知心理學更加便利。

4. 語言心理學的發展豐富了認知心理學的內容。

三、完形心理學的興起

（一）代表人物

主要代表人物有三位：分別是魏泰默（M. Wertheimer, 1880-1943）、柯勒（W. Kohler, 1887-1967）與考夫卡（K. Kohler, 1886-1941）。三個人都是德國人，後期都移居到美國，因此完形心理學最初創於德國，後期傳至美國發展。

（二）基本主張

完形心理學家認為：「部分之總和不等於整體，因此整體不能分割；整體是由各部分所決定。反之，各部分也由整體所決定。」由此推論，人類的認知系統如何把原本各自獨立的局部訊息串聯整合成一個整體概念，正是「完形」心理學主要的研究課題。

行為主義和認知主義心理學之比較

	學習的定義	學習的歷程	學習的結果	從邏輯思維的觀點來看	教育上的應用
行為主義心理學	學習是刺激—反應連結的歷程	外塑的、被動的、漸進的	外顯反應	學習是歸納的歷程（由特殊事例到普遍原則）	瞭解教學上如何分析教學情境，如何配合教材的不同單元設計教學進度，進而循序漸進達到教學目標
認知主義心理學	學習是個體對事物經由認識、辨別、理解，進而獲得新知識的歷程	內發的、主動的、整體的	思考方式	學習是演繹的歷程（由普遍原則到特殊事例）	瞭解如何擴展學生的認知結構，促進學生主動求知的能力

知識補充站

柯勒的「頓悟學習」

根據對黑猩猩的學習進行了一系列的觀察和研究，藉以探究黑猩猩如何解決問題，是否具有智慧的行為。例如：把猩猩引入房間，高處放置香蕉，觀察猩猩如何先用短棍去拿到長棍，再用長棍去拿到香蕉，或是猩猩如何將長短不同的棒子接合成更長的棒子才可以拿到香蕉。柯勒從猩猩的實驗結果建立了頓悟學習理論，動物或人透過頓悟可以知覺到問題情境中的目的與手段之間的關係。因此他反對桑代克的試誤說，認為桑代克設置試探學習的實驗情境，對動物來說太難，導致牠們只是進行盲目的、隨機的、嘗試錯誤的行為。

Unit 9-2 布魯納的發現學習理論

一、基本主張

（一）布魯納教導學生學習如何主動求知的方法，包括發現、統合和組織等。

（二）布魯納在《教育的歷程》（The Process of Education）一書中，提出任何學科都能以某種合理方式教給任何兒童。這個合理方式是指：教師選擇或設計適當的教學方法，將學習材料組織結構化，並配合兒童的心理發展。

（三）布魯納提出認知表徵論，是指人類在面對周遭新的環境事物時，會透過動作、影像及符號，將外在物體和事件轉化為內在心理事件的過程。

二、重要涵義

（一）**鼓勵直覺思考，活躍心智運作**：直覺思考是一種不按邏輯推理的思考方式，鼓勵學生根據好奇心和好勝心去尋求問題的答案。

（二）**學習情境富有結構性**：具有結構性的學習材料有助於學生理解、不易遺忘、產生正向的學習遷移（學以致用），以及化繁為簡和獨立研究的能力。

（三）**探索中發現的正誤答案都有價值**：學生自己發現錯誤答案所得到的回饋，比起教師訂正後直接告訴答案的回饋來得大。

三、在教育上的應用

（一）**教學設計四個原則**

1. **動機原則**：學習要有動機才有效果，學生必須先喜歡學習、願意學習。

2. **結構原則**：任何知識的傳授，只要在教材組織結構上能配合兒童學習心理，都可以達到教學的良好效果。

3. **順序原則**：教學之初必須考慮學生的動機與興趣，進而引發動機、維持興趣，自然易於學習。另一方面，配合學生智力發展的順序，以及教材學科的性質，由具體到抽象，由簡單到複雜，由動作表徵到符號表徵，學習效果自然事半功倍。

4. **增強原則**：教學時宜採啟發方式，讓兒童在學習活動中自己發現原理原則，因而獲得自我滿足，產生增強作用。

（二）**以人爲學科中心的課程計畫**

布魯納從事一項社會科教學實驗（Man: A Course of Study），讓小學五年級兒童自行發現三個問題的答案：「1. 人性是什麼？ 2. 人性是如何形成的？ 3. 用什麼方法來發揚人性？」

四、優點和限制

（一）**優點**：1. 有助於長期記憶；2. 提升智力發展；3. 維持較長的動機；4. 培養獨立求知與研究能力。

（二）**限制**：1. 缺乏先備知識和技能的人，較難主動發現學習；2. 容易遇到困境和挫折；3. 對思考緩慢的人比較不利；4. 採團體討論時常被少數人把持發言權。

教師教學如何應用發現學習理論

- 安排適當情境：讓學生主動發現知識和概念，據以解決新問題
- 提出爭議性的問題：引發學生的好奇心和好勝心
- 提供方向和線索：以引導學生發現知識
- 教師應扮演催化者的角色：引導學生主動建構知識

知識補充站

螺旋式課程

布魯納倡導「螺旋式課程」（spiral curriculum），他認為學習要從基礎動作開始（動作表徵），然後會產生印象的圖片或影像（影像表徵），最後使用語言和文字進行內化（符號表徵）。因此，他在1960年提出螺旋式課程設計，是指根據某一學科知識結構的概念結構，配合學生的認知結構以促進學生的認知能力發展為目的，使學生的新舊經驗銜接，從而產生正向學習遷移。

簡單來說，它結合課程的繼續性與順序性，注意每一學科基本觀念結構的交互關係，學習的基本觀念結構為螺旋式的發展，亦即課程組織應重複基本觀念，且應不斷加深、加廣。例如：教學生學會四則運算，課程設計方式由簡單到複雜，由具體到抽象，先教加減後教乘除，螺旋間皆具有上下一貫的連續性及階段上升的順序性，最終讓學生學會完整的知識。

應用螺旋式課程架構，教導自我概念到世界觀

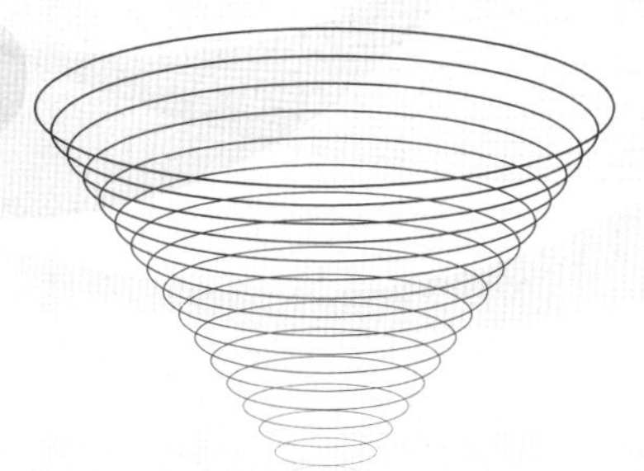

自我、家庭、社區、學校、國家、世界

自我、家庭、社區、學校、國家

自我、家庭、社區、學校

自我、家庭、社區

自我、家庭

自我

Unit 9-3 奧蘇貝爾的意義學習理論

一、基本主張

（一）反對行為主義學習理論，認為學習不應是機械式的反覆練習和零碎知識的記憶。

（二）不贊同布魯納的發現學習理論，原因在於花費太長的教學時間，而且不是所有學生都有能力去發現學習。

（三）主張學生學習新的概念，必須和自己的能力和經驗產生緊密的關聯，才會產生有意義的學習。

（四）他認為教師如果能把學生在某一領域學習所獲得的知識，用來促進在另一領域的學習（應用到其他類似且難度相同的情境），就會產生水平遷移，促使有效學習。

二、重要涵義

（一）有意義的學習，必須配合學生的能力和經驗。

（二）提出「要領概念」和「附屬概念」

1. **要領概念**：是指學生的先備知識，代表個人對事物的整體認識，可持久不忘。

2. **附屬概念**：是指學生的暫時記憶，代表個人對事物特徵的細部記憶，僅短暫記憶。

（三）提出「前導組織」（advance organizer）

1. **是一種喚起學生舊經驗的工具**：它是結合舊、新概念而有利於學習的教學技巧，促進正向的學習遷移。例如教師上課開始時告訴同學：「我們今天上課的重點，是氣溫愈高，海水蒸發的速度愈快。」由於教師將新知識的主要概念提出來，促使學生的新舊知識產生銜接，幫助對新學習材料的理解。

2. **主要兩種類型**

(1) 說明式前導組織：能提供學習者先備知識，例如要大學生閱讀一篇 2500 字有關埃及歷史的文章，可以先安排學生閱讀一篇 500 字有關埃及歷史的簡介。

(2) 比較式前導組織：能連結學習者的現存知識和新概念，例如要大學生讀一篇有關佛教知識的文章，可以先安排學生閱讀一篇基督教知識的文章。

（四）又稱為「接受學習理論」

也稱「講解式教學」，因為學生必須接受教師提供前導組織，然後運用自己的要領概念（先備知識）去主動求知。另一方面，教師要詳細規劃教材，然後採「漸進分化」和「統整調合」的原則，條理分明的向學生講解教材。

三、與發現學習理論的異同點

（一）相異點

發現學習理論強調教師是引導者，不講解教材內容，但意義學習理論強調教師必須採講解式教學。

（二）相同點

1. 均重視學生學習的主動性。

2. 均強調先備知識的重要性。

3. 均認為認知結構對吸收知識極為重要。

4. 認知結構是繼續不斷改變的。

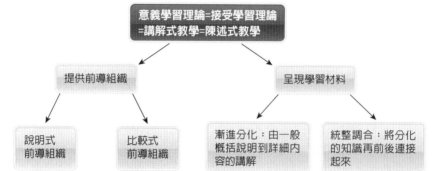

前導組織

- 說明式前導組織：例如：教導學生認識「鋼」之前，先教導「合金」的概念。
- 比較式前導組織：例如：教導臺灣的地形時，可比較平原、丘陵、高山和高原的異同。

學習遷移

- 水平遷移：個體應用所學經驗到其他類似且難度相同的情境。
- 垂直遷移：個體應用所學經驗在新情境中重新組合，形成更高一層的學習。
- 訓練遷移：學生將訓練課程中習得的知能，有效的運用到學業表現。

- 提供前導組織
  - 說明式前導組織
  - 比較式前導組織
- 呈現學習材料
  - 漸進分化：由一般概括說明到詳細內容的講解
  - 統整調合：將分化的知識再前後連接起來

發現學習理論和意義學習理論之比較

		發現學習理論	意義學習理論
同	1. 均重視學生學習的主動性。 2. 均強調先備知識的重要性。 3. 均認為認知結構對吸收知識極為重要。 4. 認知結構是繼續不斷改變的。		
異	教師角色	教師是引導的角色，不講解教材，只是鼓勵學生主動求知	教師必須提供前導組織，然後詳細規劃教材，再條理分明的對學生講解教材
	方法	歸納法	演繹法
	學習者	學習者程度佳，能主動發現意義	學習者須進行先備知識的連結
	教材	教材的意義與其他事物有關聯	新教材與認知結構有關聯

Unit 9-4 訊息處理學習理論（一）

一、起源與發展

（一）起源

起始於 20 世紀 50 年代初期，盛行於 60 年代後。

（二）興起原因

1. **實際需求的影響**：現代工業技術人員的遴選和訓練，既有的心理學知識和研究方法不足以應付。

2. **通訊研究的影響**：電話、電報和雷達等技術和設備發達，為改進通訊效果，研究人類在接受訊息時產生的問題。

3. **電腦科學的影響**：電腦處理資訊的模式（輸入、編碼、儲存、檢索、解碼和輸出），提供了研究人腦的主要工具。

二、重要涵義

（一）人就像電腦一樣，能經由感官、注意、辨識、轉換、記憶及內在心理活動，吸收並運用知識。

（二）強調「人性」的重要，人的學習不是被動的「刺激—反應」連結，人與環境會有交互作用，會主動選擇和操控環境，進而獲得知識。

（三）人的訊息處理是階段性的，各階段功能不一樣（前段是暫時性的，後段是永久性的），而且是交互作用的複雜歷程。

三、訊息處理的一般模式

（一）感官收錄

約 3 秒以下的短暫記憶，人透過視覺、聽覺、味覺和嗅覺等感覺器官，對外在刺激所引起的反應。有的會加以注意並編碼成為短期記憶，有的則被遺忘。

（二）短期記憶

是在意識階段的記憶，短期記憶再加以複習，就會進入長期記憶。短期記憶多以聲碼為主，形碼和意碼為輔。短期記憶的容量是有限的，為了擴大這個容量，米勒（Miller）提出「神奇的七加減二」（Magic 7±2），也稱為「意元集組作用」（chunking），也就是把許多個小意元組合成一個大意元來記憶。短期記憶產生遺忘的原因有二：一是衰退，是指記憶的痕跡被時間侵蝕了，使得記憶的細節變得很模糊；另一是取代，是指舊的記憶被新的記憶給推擠出去了。不過這樣也有好處，否則我們的短期記憶就會擠滿許多不需要的訊息。

（三）運作記憶（working memory）

也稱為主動記憶（active memory），由於短期記憶就像是一個短暫的堆積月臺，但是透過運作記憶把訊息加以分類、處理和組織後，許多的短期記憶就會被進一步認識和理解，刻意保留（登錄）後就成為長期記憶。所以運作記憶等於是一個心智的活動場所，是一個主動的訊息處理機制。

（四）長期記憶

已經超出意識階段的記憶，長期記憶是永久性的，以意碼為主，記憶容量無限大。

1. **情節記憶**：有關生活情節的實況記憶，例如：彈吉他、騎腳踏車、編毛線、開車。

2. **語意記憶**：有關語文表達知識的記憶，例如：記得四則運算的原則、記得圍棋的遊戲規則等。

訊息處理心理歷程圖示

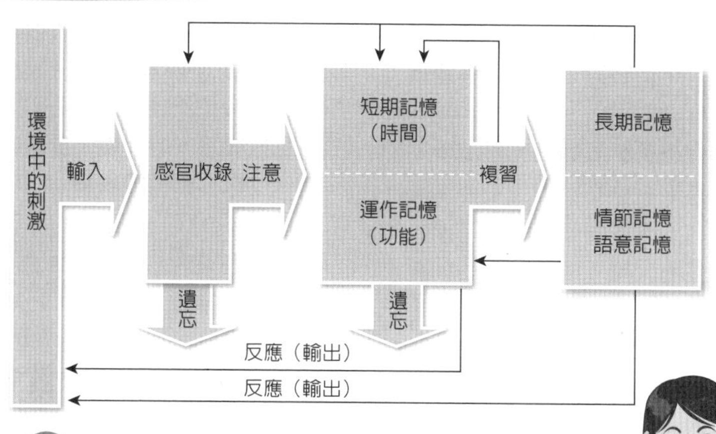

Knowledge 知識補充站

為什麼該記的總是記不住，想忘的卻忘不了？

記憶的歷程有編碼、儲存和提取。編碼（encoding）是指個體經由心理運作，將外在感官刺激轉換為抽象的心理表徵，並置放在記憶裡。儲存（storage）是指各種不同性質的訊息，進到大腦皮質層的各分區。提取（retrival）是指將儲存的訊息經由解碼的心理運作歷程，使之還原為編碼以前的形式，並表現於外顯行為。

一個人該記的總是記不住，問題出在編碼歷程，可能是感官記憶沒有注意到，或是短期記憶沒有將記憶的材料加以複誦，於是海馬迴無法凝固學習材料。想忘的卻忘不了，問題出在儲存歷程，因為進入長期記憶後無法任意刪除。

神奇數字七加減二

美國心理學者喬治．米勒（George Miller），於1956年發表了一篇著名的論文〈神奇數字七加減二〉，突破了記憶容量的極限，也就是說，一般人們在驚鴻一瞥之下所能記憶的平均數是7位數字，其個別差異在5位或9位數字，但喬治．米勒提出跨越7±2的記憶方法──「意元集組」。

例如：想記住「葡萄美酒月光杯欲飲琵琶馬上催醉臥沙場君莫笑古來征戰幾人回」這28個字是相當困難的，如果能組合為7個1組就比較容易記憶，如：「葡萄美酒月光杯，欲飲琵琶馬上催，醉臥沙場君莫笑，古來征戰幾人回。」

Unit 9-5 訊息處理學習理論（二）

四、影響記憶的因素

（一）序位效應：初始效應和時近效應

是指在學習時，最初和最後所學的東西往往是最記憶猶新的，例如：記一連串的人名，最前面幾個和最後面幾個的名字最容易記得，中間的人名則記不太起來。

（二）閃光燈效應

是指發生重大事件造成印象深刻，例如：老師上課上到一半的時候說鬼故事，學生會對這個故事印象特別深刻。

（三）萊斯托夫效應

是指對於特殊的人、事、物，會有比較深刻的印象，例如：學校畢業後還記得班上最淘氣的同學叫什麼名字。

（四）舌尖現象

是指當我們試著去回憶一些已經記得的事，記憶搜索已經很接近目標、呼之欲出了，但一時卻仍然想不起來。例如：我們常常在要講出一個名字或者是地名時，答案已經到嘴邊了，但就是說不出來。

五、遺忘的原因

（一）記憶痕跡衰退

學習後持續不斷的練習，已經產生的記憶痕跡就會保持；相反的，就會隨著時間而衰退，產生遺忘。

（二）記憶儲存干擾

1. **倒攝抑制**：是指新學習的材料會干擾舊知識的保持

2. **前攝抑制**：是指舊記憶會干擾新記憶的保持。

（三）學習理解的程度

學習理解程度愈高，遺忘率就愈低。就像死記硬背可能一時之間會有好的考試成績，但長期來看則效果不佳。

（四）動機或興趣

動機是形成遺忘的原因之一，例如和「心不在焉」的人說話，他對你所問的問題常是「答非所問」或「文不對題」，事後對你的問題和談話都記不得，這是因為他缺少動機、沒有用心去記憶。

（五）情緒

根據佛洛伊德的精神分析理論，人會對於痛苦經驗不堪回憶，因而把這些不愉快的記憶全都壓抑在潛意識當中，這種現象稱為「動機性遺忘」。

六、失真的記憶

（一）記憶會受到個人先前的知識（既有的概念架構）影響，而產生失真現象。

（二）例如：在一個實驗中讓受試者看一個車禍的短片，看完之後請他回答：「你有沒有看到那個破掉的車燈？」另一個問題是：「你有沒有看到一個破掉的車燈？」結果多數的受試者回答：「有看到那個破掉的車燈。」這是因為第一個問句是引導性問句，意思是「那裡真的是有個破的車燈，問題是你看見了沒有？」由此可知，受試者受到文字的影響甚於視覺的影響，目擊者眼見不一定為真，目擊者常會用推論假設去填補記憶中的空白，促使記憶變成一個重建的過程。

內隱記憶=默會知識
一位好的球員不會記得他是何時、何地把球技訓練精良的，這就是內隱記憶。
一位好的鋼琴演奏家在彈琴時，不會特別曉得這一段是何時何地練熟的，因為他沒有自覺「記得」如何彈琴這件事。
記憶痕跡衰退
記憶儲存干擾
學習理解程度高低
動機或興趣的強弱
不愉快的情緒
遺忘的原因

Knowledge

知識補充站

目擊證人的證詞為何無法作為有效證詞？

這是因為目擊證人的記憶會依個人經驗和知識產生記憶重建，造成記憶扭曲（簡化事實、無中生有、加油添醋、合理化），因此目擊者的證詞是錯誤的記憶，經常無法取信。

為何測謊器的結果不能作為有效證據的理由 ？

一般警察或檢調單位為判斷供詞的真偽，會使用測謊器來探測受測者因情緒所產生的自主神經系統作用，記錄所引發的生理反應，如脈搏、血壓和呼吸量等。它的原理是說謊的人容易出現情緒喚起，在情緒起伏的狀態下所產生的生理變化，不是個人能控制的。但是外界的刺激和個人內在的心理狀態也有可能導致生理異常變化，所以法官雖然承認測謊報告具有證據效力，但不會單憑報告就將被告定罪。

Unit 9-6 知識學習分類和學習策略

一、知識學習的分類

（一）陳述性知識

又稱語意性知識，是指有關事實性或資料性的知識。例如：人名、地點。

（二）程序性知識

是指按照一定操作流程而獲得結果的知識，例如：解答數學題、開車、操作機械、理化實驗和烹飪縫紉等。

二、有效的學習策略

（一）陳述性知識的學習策略

1. **機械學習法**：是指不經理解，純靠記憶背誦的一種方法。

(1) 加強短期記憶的機械學習法

①把資料看清楚，多次練習或複習。

②記單字時，形碼（字形看清楚）、聲碼（唸出聲音）、意碼（瞭解意義）、動碼（動筆寫字）並用。

③運用意元集組原則來擴大記憶容量。

④利用運作記憶原則，記東西時特別留意其特徵，例如：「冶」是「治」的少一點。

(2) 加強長期記憶的機械學習法

①有計畫的練習，例如：採分散練習或集中練習。

②軌跡法，例如：考試時會回想起課本上的圖、照片或文字。

③字鈎法，又稱標記字法，把要記住的字「標記」在上面，就像置物架上有掛鈎可以掛住東西。

④音韻諧音法，使用相似讀音來記憶某些零碎、散亂、毫無意義的記憶材料。

⑤歌訣記憶法，運用節奏韻律、押韻歌訣來記憶長篇累積的材料、零碎散亂的知識。

2. **意義學習法**：是指學習材料要配合學生的認知結構時，學習才有意義。

(1) 讀書首重理解

讀書時將書中內容與長期記憶核對，進而納入既有的認知結構中或進行運作思維，例如查字典。

(2) 兼採雙向處理策略

由上而下處理（提供前導組織，讀一本書或一篇文章時可以有概略的認識）＋由下而上處理，例如：「SQ4R 法：①瀏覽（survey）、②質疑（question）、③閱讀（read）、④記誦（recite）、⑤複習（review）、⑥反映（reflect）。」前兩步驟是由上而下處理，次兩步驟是由下而上，後兩步驟又是由上而下處理。

3. 讀書技巧：包括圈點畫線、生字註解、筆記摘要、列出綱要、繪出樹狀圖、畫心智圖或魚骨圖。

（二）程序性知識的學習策略

讓自己熟練，就可以達到自動化處理（automatic processing）的境界。例如：在學校裡教授技能性的課程（如彈琴、打字、烹飪、縫紉），只要能依照一定程序運作（如標準作業流程），就能確保學生獲致某種成果的知識。

字鈎法

A is Apple

C is Cat

B is Boy

D is Dog

歌訣記憶法

配合兒歌「哥哥爸爸真偉大」來記憶中國歷朝歷代：「黃堯虞舜夏商周，秦漢接三國。魏晉南北朝，五胡十六國。隋朝唐朝五代十國，宋遼金元接明清。直到大中華，直到大中華。」

樹狀圖記憶法

- 用邊來分
  - 不等邊三角形：三個邊都不等長
  - 等腰三角形：只有兩個邊等長
  - 正三角形：三個邊都等長
- 用角來分
  - 銳角三角形：三個角都小於90°
  - 直角三角形：一個角等於90°
  - 鈍角三角形：一個角大於90°

音韻諧音法

要記住清領時期臺灣四個開港通商的地方「雞籠、淡水、安平、打狗」，我記成「雞蛋被安打」。

數學課要記住2的開平方值1.141421，我記成「一點意思意思而已」。

戰國七雄「韓、趙、齊、魏、楚、燕、秦」，我記成「烘灶起火煮香腸」（臺語發音）。

Unit 9-7 後設認知及其教育涵義

一、後設認知的意義

（一）後設認知（metacognitoin）又稱原認知、反省認知或統合認知。

（二）是指個人對自己認知歷程的認知。

二、後設認知的知識和技能

（一）後設認知知識

重點在於「理解」、「求知之後得到知識」，是指個人對自己所學知識的明確瞭解；個人不但瞭解自己所學知識的性質與內容，而且也知道知識中所蘊含的意義及原理原則，正是「知其所以，也知其所以然」。

（二）後設認知技能

重點在於「知之後確實能行」，是指在求知活動中個人對自己行動做適當監控的心理歷程。例如：國中學生演算數學習題，能確實做到程序適當、方法正確、檢查結果後確定正確的歷程。

三、代表人物

（一）弗拉維爾（J. Flavell）

最早提出後設認知一詞的學者。他將後設認知定義為「個人對本身認知過程、認知產物或其他相關事物的知識」。

1. **後設認知知識**：是指個人經由經驗的累積，而儲存於長期記憶中的知識和信念。

2. **後設認知經驗**：是指個人知道自己是否知道或什麼時候知道。例如學習者試圖解決課業的困難時，常常會自知解題進展是否順利。

（二）布朗（Brown）

他認為後設認知就是個人對自己的思考和學習活動的知識，包括計畫、預測、分析、探索、監控、測試、修正、檢驗及評估等活動。

1. **認知的知識**：是個人對自己認知歷程的知識，例如學習者覺察到自己優缺點以及學習情境的要求。

2. **認知的調整**：用來調整和監督學習活動，包括計畫活動、學習中監控活動，以及查核活動結果。

四、後設認知在教育上的應用

（一）教學時能要求學生做到後設認知，相當不容易，但教師仍可試著努力看看。

（二）教導學生後設認知之前，教師必須對所教科目和教材要有後設認知，要先能知也能行。

（三）應用於閱讀理解教學的示例

1. **閱讀前**：先教導學生瀏覽文章的標題、次標題、圖表及摘要，先對文章組織梗概有所瞭解，然後根據標題引發相關知識和預測作者的意圖。

2. **閱讀中**：教導學生自我發問（例如這個段落在說什麼？我哪個地方不清楚？）來澄清文章中的含糊處，以監控自己是否理解。

3. **閱讀後**：教導學生寫摘要、提問題、預測考試題目，引導學生更深入地瞭解文章中的重要訊息，並覺察自己學到什麼。

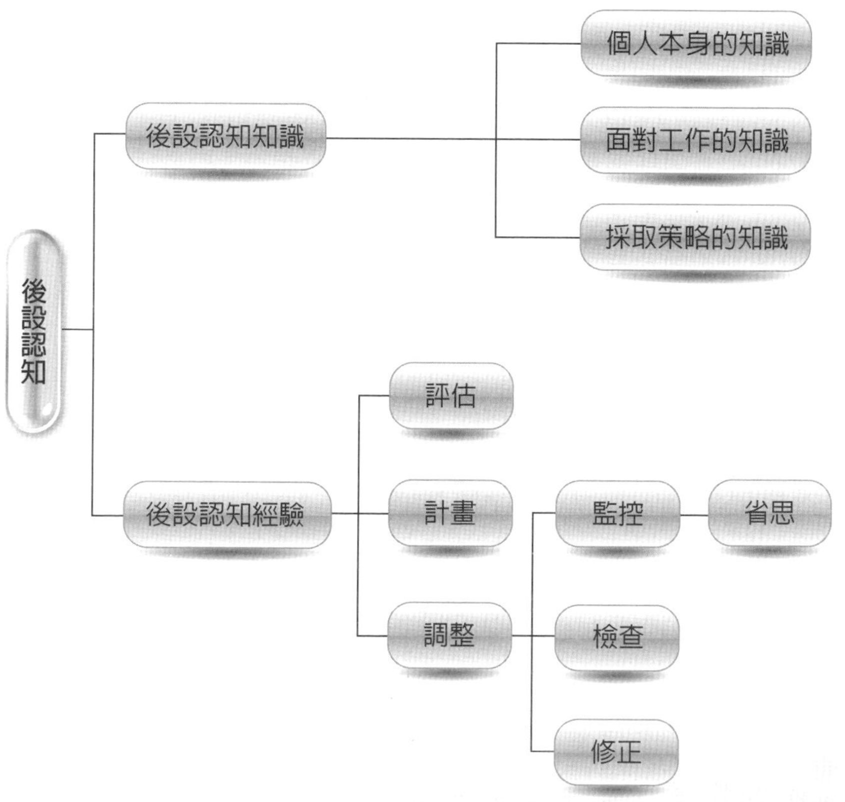

根據弗拉維爾的理論，後設認知可以分為「後設認知知識」及「後設認知經驗」兩部分。後設認知知識包含：個人本身知識、面對工作的知識及採取策略的知識。後設認知經驗則是經由認知思維從事求知活動時，自己能對解決問題的歷程做到自我管理，包括評估、計畫、調整、監控、修正、省思等。

Unit 9-8 自我調整學習策略

一、學習策略概念的演變

早期受「行為學派」影響，偏重外在學習行為和環境。1970 年代後期受到「訊息處理理論」影響，重視認知策略，例如複述、組織意義化。1980 年代受「後設認知」的影響，重視認知的計畫、監控、評估和調整，之後亦涵蓋「支持性策略」，例如集中注意力、降低焦慮、提升態度、安排學習時間和環境。

二、自我調整學習策略（self-regulated learning）

（一）**提出：**自我調整一詞是由班杜拉所提出，認為當學習者從事學習活動時，會透過自我觀察、自我判斷與自我反應等過程來調整其學習行為。

1. **自我觀察：**對自己行為做週期性的觀察，以瞭解變化情形。

2. **自我判斷：**為自己行為確立某個目標，藉此來判斷自己行為與標準之間的差距，並引起肯定的或否定的自我評價的過程。

3. **自我反應：**評價自己行為後產生的自我滿足、自豪、自怨和自我批評等內心體驗。它是個人滿足興趣和自尊發展的重要基礎。

（二）**理論架構：**1990 年代由 Zimmerman 和 Schunk 等人建立起一套自我調整學習的理論架構。基本主張乃是學習是一種主動、建構的過程，學習者會為自己的學習設定目標，並試著監控、調整和控制自己的認知歷程與活動。

（三）**基本假定：**學習者在學習歷程中扮演主動參與的角色；此外，學習過程中，個人內在會產生自我導向的回饋圈。

（四）**重要觀點**

1. 個體會透過自己的觀察，以及經驗到外在行為的結果進行判斷，然後對自己的認知、動機、情感及行為產生監控、評估與修正。

2. 可用以協助自己對學習過程中做全面的瞭解和有效的監控，且從中做適當的調整，以提升學習成效。例如在有限的時間內完成指定閱讀範圍內容的作業，或是進行一個專題研究報告撰寫時，學習者會自訂目標，並設定計畫與執行的策略來完成此一目標，也會同時監控各種回饋，評估目標的進展。

3. 教育之目的在於培養學生成為終身的學習者，一位自我調整學習者能夠察覺自我的不足，並經由適當策略的運用，提升不足之處。這樣的學習方式是一個回饋式的循環歷程，學習者藉此不斷自我調整，成為一位終身的學習者。

三、自我調整學習的四個充要條件

（一）能夠自己確立學習目標。

（二）能夠意識到自己擁有的學習策略，並確信它對自己學習的價值。

（三）確信自己能夠成功地進行自我調整學習的行為。

（四）具有為自己學習的意識與動機，並把學習當作一個積極的過程，努力去探究、追求與享受。

四、自我調整學習循環模式的步驟

（一）自我的評價與監控。

（二）目標的設定與策略的計畫。

（三）策略的實行與監控。

（四）策略結果的監控。

自我調整學習三階段的循環回饋圈

Zimmerman主張自我調整學習應該包含：1.學習前的思考計畫（forethought）、2.學習中的表現與意志控制（volitional control）、3.學習後的自我省思（self-reflection）三個階段，而且這三個階段會形成迴圈並影響個人的學習結果。

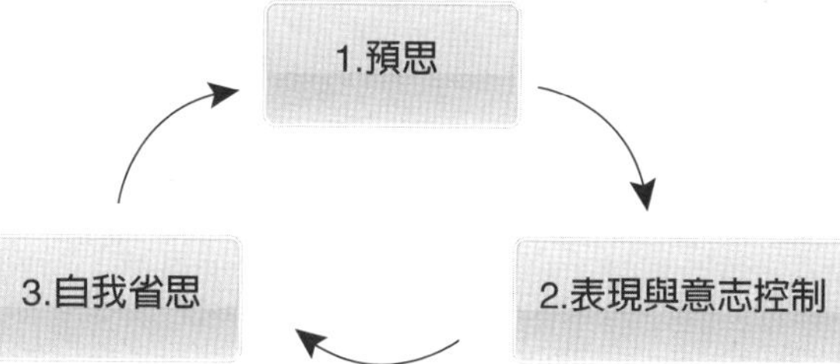

自我調整學習循環模式的四個步驟

（一）自我的評鑑與監控：學習者一開始學習一個不熟悉的主題時，可以讓學習者持續地記錄自己所做的每一件事，讓學習者察覺到自己浪費許多學習時間在其他無關的事情上。
（二）目標的設定與策略的計畫：教師教導學習者怎樣去分析學習任務，設定有效的目標，並選擇正確的策略。
（三）策略的實行與監控：執行學習者所選擇的策略。
（四）策略結果的監控：學習者要監控每一種不同策略所產生的結果，藉以瞭解每一種策略的效用。

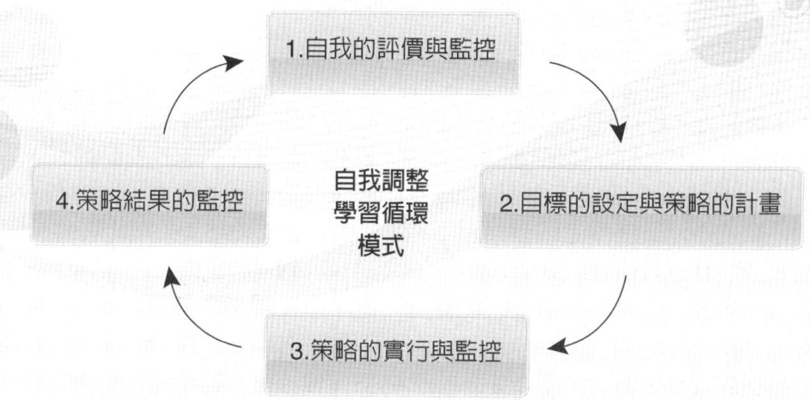

Unit 9-9 認知風格與學習風格

一、認知風格與學習風格的意義

（一）**認知風格**（cognition style）

是指一個人面對問題情境時，在行為上所表現出來的習慣性特徵，包括知覺、記憶和思維等內在心理歷程；認知風格的研究起始於 20 世紀 50 年代，盛行於 60 年代。

（二）**學習風格**（learning style）

是指學生面對學習情境時，在行為上所表現出來的習慣性特徵，包括認知、情意和生理三個範疇；學習風格的研究起始於 20 世紀 70 年代，流行迄今。

二、認知風格研究的發展

（一）**榮格的分析心理學：20 世紀 20 年代**

榮格（Carl G. Jung,1875-1961）創立了分析心理學（analytical psychology），他認為人的性格可以簡單區分為：

1. **內向型**：個性安靜，不善於社交。

2. **外向型**：個性活潑好動，且善於社交。

從心理功能又可細分為：

1. **感覺型**：只憑感官認識這個世界。

2. **直覺型**：單憑直覺來判斷事物。

3. **思維型**：凡事謀定而後動的人。

4. **情感型**：依自己喜好來做事的人。

（二）**魏特金的研究：20 世紀 50 年代**

魏特金（H. A. Witkin, 1916-1979）被稱為認知風格之父，他依據人受到場地刺激的影響，把人的性格區分為：

1. **場地獨立型**：做事不容易受到場地刺激變動的影響，這種人偏好獨立思考，喜好自然學科，喜歡的工作類型是機械修護之類的工作。

2. **場地依賴型**：做事很容易受到場地刺激變動的影響，這種人偏好社會參與，喜好社會學科，喜歡的工作類型是社會服務之類的工作。

另外，他依據人遇到問題時的反應快慢，把人的性格區分為：

1. **衝動型**：對問題反應較快，但錯誤較多的一種習慣性格。

2. **沉思型**：對問題反應較慢，但錯誤較少的一種習慣性格。

三、學習風格的四個類型

（一）**環境面**

學生讀書時對於環境的需求不同，有的需要安靜，有的要有聲響；有的需要光線明亮，有的需要光線柔和；有的需要溫暖，有的需要涼爽；有的需要固定座位，有的隨遇而安。

（二）**情意面**

學生讀書時的心理狀態不同，有的很有毅力，有的半途而廢；有的有責任感，有的敷衍了事；有的按時繳作業，有的延遲繳交。

（三）**生理面**

學生讀書時在生理上的需求不同，有的靠視覺學習，有的靠聽覺學習；有的邊看書邊吃東西，有的絕對禁食；有的在上午精神好，有的在晚上精神好。

（四）**社會面**

學生讀書時需要和他人互動的需求不同，有的偏好團體合作，有的偏好獨立完成；有的選擇固定對象合作，有的不選擇對象合作。

場地依賴型和場地獨立型的比較

	訊息處理方式	喜歡的學科	喜歡的工作	個性
場地依賴型	被動接受場地刺激的原貌	社會學科	社會服務	偏感性，偏好社會參與
場地獨立型	主動改變或重視場地刺激	自然學科	機械修護	偏理性，偏好單獨行事

魏特金的隱圖測驗研究：能將A、B、C、D、E指出何者隱藏在下面兩張繁圖中的人，就是場地獨立型的人。以下是隱圖測驗的部分例題。

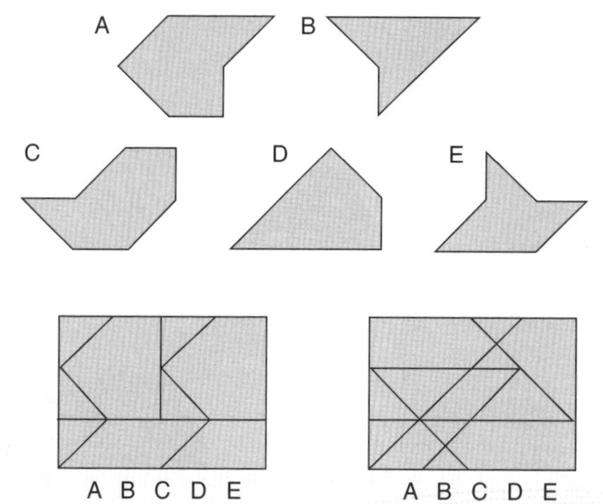

知識補充站

勒溫的場地理論

媽媽有時候說：「大雄你這麼大了還在看卡通，關起電視去讀書。」有時候又說：「大雄你還太小，不可以一個人去看電影。」大雄常覺得心理衝突，既不被算做大人，又不能做小孩原本能做的事情。請問哪一種理論可以勾勒出青少年所處的情況？

解答：勒溫（K. Lewin）的場地理論，法則是B=f（LSP），B是指行為，LSP是生活空間（life space），行為是生活空間的函數，勒溫把青少年視為邊緣人，要他放棄兒童時期的事物，又不把他視為成年人。

人本主義心理學的學習理論

章節體系架構

Unit 10-1 人本主義心理學概述

一、人本主義心理學的起源與發展

（一）人本主義心理學也稱「現象學心理學」，20 世紀 50-60 年代產生於美國的一種心理學思潮改革運動。反對行為主義的環境決定論和佛洛伊德的精神分析論，主張研究人的本性、潛能、經驗、價值、創造力及自我實現等，故又稱為心理學的「第三勢力」。

（二）人本主義心理學的興起原因

1. 哲學心理學的歷史背景：受到存在主義和現象學的影響。

(1) 存在主義強調人既存在就有思想和行動上的絕對自由，有權利選擇自己的生活目標和方式，但人也要對自己的命運負責（我自由、我選擇、我負責），這是因為人有自我意識，故應尊重人性。因此，在教育主張上強調每個人要培養真誠、決斷、忠實、創造力及責任感等自律的人格特質，使能做個自由人、抉擇人及負責人。

(2) 現象學興起於 20 世紀的德國，創始人胡塞爾（E. Husserl）認為歐洲科學危機繫於被誤導的理性主義，已經使人淪為物質化和機械化，人與人的關係日漸疏離。因此，在教育上鼓勵學生運用現象學的方法來認識真實的生活世界，強調師生關係是「互為主體性」的，要瞭解學生的行為就要設身處地去瞭解他的觀點和想法。

2. 教育科技及社會運動的影響：1960 年代是行為主義心理學盛行的時候，教育科技化蔚為風行，但當時的種族人權問題和越戰等因素，導致美國社會動盪不安，因此有人開始檢討原因在於「重科學輕人文」，認為學校教育應該教導學生認識自己、瞭解別人、關心社會。

二、人本主義心理學的主要觀點

（一）認為人是不可分割的整體，人有自己的需求、意願、經驗、能力、痛苦和快樂。

（二）人性本善論是人本主義心理學的基本人性觀的基礎。

（三）需求層次理論是人本主義心理學的動機理論。

（四）自我實現理論是人本主義心理學基本理論的核心。

（五）開展以人為本、以學生為中心的教育意義，重視「教人勝於教書」，主張從學生需求出發，幫助學生學習他喜歡且有意義的知識。

（六）強調建立真誠互信的師生關係，培養能適應改變及懂得如何學習的人。

三、正向心理學的興起

正向心理學（positive psychology）一詞源於馬斯洛《動機與人格》一書，真正發揚光大的人是塞里格曼（Seligman）。這項理論可以幫助人們生活過得更有意義，也更積極面對人生中的壓力和挑戰。它的研究有三大主軸：

（一）探究正向情緒和經驗，包含快樂和幸福等。

（二）探究正向特質，包含自我決定、樂觀、情緒智力（E. Q.）、逆境智力（A. Q.）、創造力和美德（virtues）等。

（三）探究正向環境，包含社會關係、文化規範和家庭影響等。

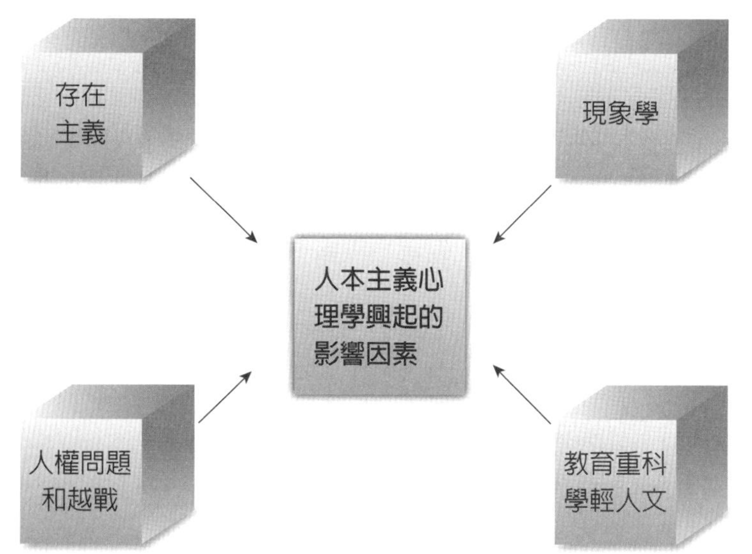

知識補充站

存在主義與教育

存在主義最關心人的本質、人與世界的關係，以及「存有」的觀念。代表人物沙特指出「存在先於本質」，認為人在面對生活中痛苦、罪惡與死亡時，人的「存有」就是自己做自由決定的能力，藉著自由決定的行動，自我才不會受限於外在現象或昧於真相。在教育上強調教師要瞭解學生的主體性，讓學生有機會參與教學活動，教學內容要引導學生認識自己的存在、自我與他人的關係。在德育上，存在主義強調學生必須有主動自律的學習，也就是道德的自律。

現象學與教育

現象學（phainomenology）的創始人是德國的胡塞爾（Edmund Husserl, 1859-1963），胡塞爾前期思想在於透過現象學方法將客體「放入括弧，存而不論」，後期思想則充分流露出人文精神，致力於探討與人有關的課題。深究現象學之教育目的，在於幫助學生認識真實的生活世界，並融入自己的經驗中，以豐富自己的人生。教育內容強調要傳授給學生真實的知識、符合社會脈動的知識，帶領學生去觀察、分析與瞭解生活世界。最後，強調師生關係互為主體性，意即教師要瞭解學生時，師生必須進行良性互動。

Unit 10-2 馬斯洛的學習理論

一、馬斯洛的基本主張

（一）馬斯洛（A. H. Maslow, 1908-1970）被譽為人本主義心理學之父。他出生於美國紐約市，是美國社會心理學家、人格理論家和比較心理學家、人本主義心理學的主要發起者和理論家，心理學第三勢力的領導人。

（二）馬斯洛的人性觀

他認為人性中有「防衛」與「進取」兩種力量，適當的教育可使兒童心智成長，不適當的教育會斲喪兒童心靈上的生機。

（三）馬斯洛的教育觀

1. 學生原本就有學習的潛能，教師應輔導學生自己選擇和決定學習的活動。

2. 不主張靠外鑠的方法約束學生學習，教師的任務是為學生設置良好的學習環境，讓學生自由選擇，如此一來，就會學到他所需要的。

二、馬斯洛的需求層次理論

馬斯洛在1943年發表《人類動機的理論》（A Theory of Human Motivation Psychological Review）一書，提出人類需求層次理論。

（一）基本假設

1. 人要生存，他的需求會影響他的行為。

2. 人的需求按重要性和層次性呈現固定順序，從基本的（如食物）到複雜的（如自我實現）。

3. 當人的某一級的需求得到最低限度滿足後，才會追求高一級的需求，如此逐級上升，成為推動繼續努力的內在動力。

（二）需求層級

1. **生理需求**：是指人類與生俱來的基本需求，包括飢、渴、衣、住、性的方面的要求。

2. **安全需求**：是指人身安全需求，例如：保障自身安全、擺脫事業和失去財產威脅的需求。

3. **隸屬與愛（社會）需求**：是指追求被他人接受和歸屬感。這是一種友愛的需求，希望和同儕之間保持友誼，以及擁有歸屬於一個群體的感情。

4. **尊重（自尊）需求**：人都希望自己有穩定的社會地位，要求個人的能力和成就得到社會的認同。尊重需求一旦得到滿足，能使人對自己充滿信心，對社會充滿熱情。

5. **知的需求**：人都有求知的需求，希望對於自己所不瞭解的人事物，透過探索、詢問、閱讀和實驗等方式而獲得知識。

6. **美的需求**：人對於欣賞美好事物有需求。

7. **自我實現需求**：是最高層次的需求，它是指實現個人理想和抱負，發揮個人的能力到最大程度，完成與自己的能力相稱的一切事情的需求，進而感到最大的快樂。

● 馬斯洛的基本主張有二：一是對人性的看法，另一是對教育的觀點。

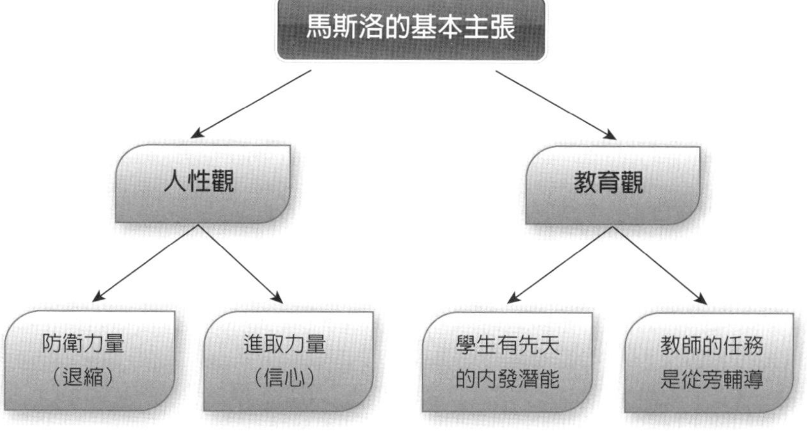

馬斯洛需求層次論圖示

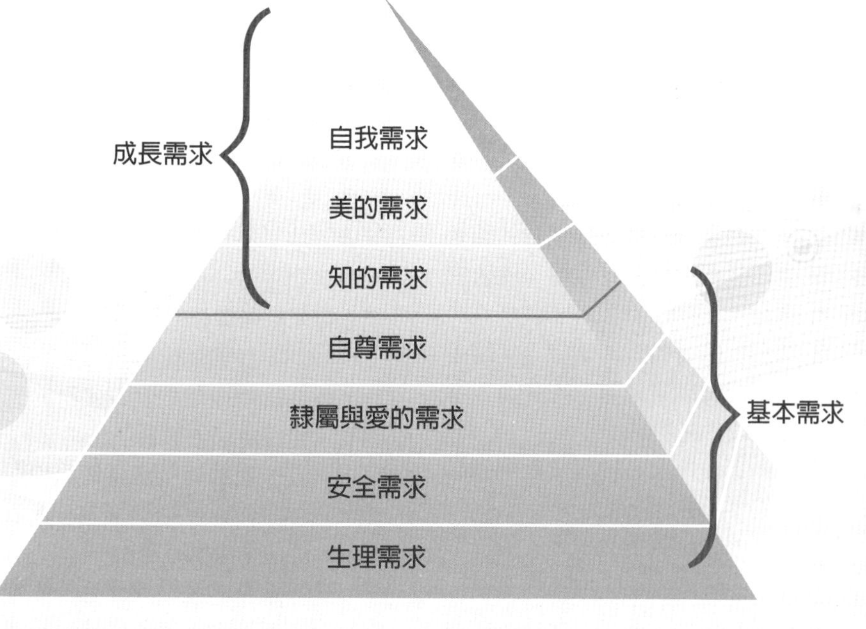

Unit 10-3 羅杰斯的學習理論

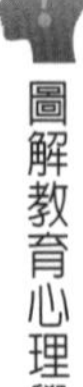

一、羅杰斯的基本主張

（一）羅杰斯（Carl R. Rogers, 1902-1987）是人本主義心理學的創始人之一，被譽為人本治療學派的鼻祖、非指導式諮商理論的宗師。

（二）羅杰斯從事心理諮詢和治療的研究，他最突出的貢獻在於創立了一種人本主義心理治療法（即當事人中心治療法）而馳名。1947 年當選為美國心理學會主席，1956 年獲美國心理學會頒發的傑出科學貢獻獎。

（三）羅杰斯的人性觀

1. 對人性的基本假設是「人性皆善」，因此他認為每個人都有健康成長的潛力（即自我實現的傾向）。

2. 如果能提供每個人一個溫暖正面的環境，就可以幫助他充分的展現自我，達到理想我之目標。

（四）羅杰斯的學習觀：以自由爲基礎的學習原則

1. 人皆有其天賦的學習潛力，包含好奇心和求知的慾望。

2. 教材有意義且符合學生目的時，由於學生知覺到和自己有關聯，就會主動產生學習。

3. 在較少威脅的教育情境下（給予支持理解、沒有成績逼迫）才會有效學習，反之，就會逃避學習。

4. 主動自發、全心投入及堅持到底的學習，才會產生良好效果。

5. 自評學習結果可養成學生獨立思維與創造力。

6. 知識外重視生活能力和社會學習（認識和面對社會問題及種族問題等），方能適應變動中的社會。

二、羅杰斯創立人本心理治療法

又稱當事人中心治療法（person-centered therapy），必須有三項基本條件：

（一）**眞誠一致**：治療員要表裡如一，有人情味。

（二）**無條件積極關注**：關心是不求回報的。

（三）**同理心**：能夠設身處地為他人著想。

三、羅杰斯「以學生中心」的教育理念

在傳統的教室裡，教師決定學習的內容、方式、時間和場所，羅杰斯則主張以學生為中心的教室，教師只是促進者和輔導者，負責營造一個積極正向及和諧互動的教室氛圍。

（一）教育是具有生活意義的成長歷程。

（二）良好的教學設計就是要給予學生充分自由學習的機會，自己去發現真理。

（三）學生具有求知向上的潛在能力，只須設置一個良好的學習環境，他們就會學到所需要的一切。

（四）教師態度真誠一致，表裡如一，能開放地向學生表達自己的感受和態度，也促使學生學習自我開放。

（五）教師給予無條件積極關懷，能常以溫暖的態度接納學生，不求任何回報，促使學生重視自己。

（六）教師發揮同理心，能敏銳地瞭解學生的感受，並將這種瞭解傳達給學生，促使學生更加瞭解自己、悅納自己。

● 馬斯洛和羅杰斯受到世人尊崇的地位

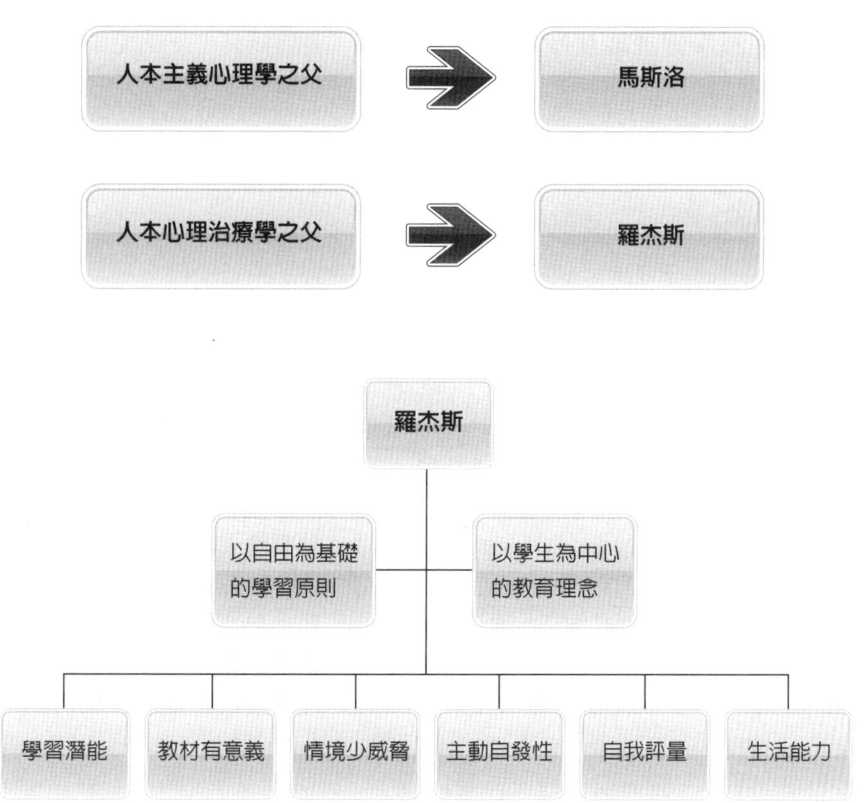

行為主義、精神分析、人本主義的人性觀點之比較

行為主義心理學的人性觀點	1.人是沒有自由的。 2.人的一切行為都由外在環境因素所決定。
精神分析心理學的人性觀點	1.人沒有自由、無法自主，也不自知（受潛意識影響）。 2.人的一切行為受生之本能（性慾衝動）和死之本能（情緒衝動）的控制。
人本主義心理學的人性觀點	1.人有自由、自主且自知。 2.人的一切行為出自當事人的情感和意願，能自由選擇。

Unit 10-4 人本主義學習理論在教育上的應用

一、人本主義學習理論在教育上的應用

（一）培育健全人格的道德教育

1. **間接取向的道德教學**：運用價值澄清法，透過問題回答與討論來分析價值觀，也就是如何對人、事、物做出判斷，進而形成或修正自己合乎道德的價值觀。或是運用道德兩難問題，引導學生從問題的正反面去思考推理並與同學討論，進而培養出道德思辨能力。

2. **直接取向的道德教學**：在班級經營中，經由民主方式，師生共同訂定大家遵守的班級規範，教師以身作則，學生確實遵守，也可以安排參與具道德意義的服務學習活動。

（二）重視自我發展的開放教育

以英國尼爾（A. S. Neill）創設的夏山學校最有名，開放教育（open education）的特徵說明如下：1. 學生主導自己的學習。2. 採診斷式的成績評量。3. 不採固定課本式教材。4. 採個別化的教學活動。5. 採混合編班教學模式。6. 採用無隔間開放教室。7. 教師合作的協同教學。

（三）培養團體精神的合作學習

合作學習是指將個別的學生組成小組或團隊，鼓勵小組成員間互助合作，一起討論和澄清想法、探究、思考、推理及解決問題，以達到特定的教學目標，教師則扮演從旁協助者和鼓勵者的角色。常見的合作學習教學模式有：學生小組成就區分法、小組遊戲競賽法、拼圖法 II。

合作學習的特徵和原則說明如下：

1. **團體認同**：發展共同性的活動，以凝聚全班同學的向心力。

2. **包容**：提供多樣的學習經驗及多元的角色模式，幫助學生瞭解其他同學的家庭和文化背景。

3. **團體規範**：全班參與制定共同遵守的合作規範。

4. **角色表現和責任分享**：每個人均有公平參與的機會，並分擔責任。

5. **團體目標與獎勵**：遵守團體制定的目標及獎勵系統。

6. **學習的內在獎勵**：引發團體合作學習的動機和興趣。

7. **欣賞他人獨特的優點**：瞭解他人喜好和需求，並與人分享才能。

8. **結合日常生活經驗**：將班級活動與家庭或社區活動相連結。

9. **互動的物理環境**：安排適切的活動空間和分組。

10. **合作互動**：實施適切的人際（社交）關係技巧。

二、人本主義心理學的價值與批評

（一）教育價值

1. 強調全人教育，重視學生的個別差異和成就動機，採取學生為中心的教學模式。

2. 實施情意教育，提升人性的尊嚴和價值，促進學習者自我實現。

（二）受到的批評

1. 理論學說的概念不夠明確、原則推論困難。

2. 教育實踐缺乏明確目標、缺乏周詳設計、缺乏評量依據。

行為主義、認知主義和人本主義之比較

	行為主義	認知主義	人本主義
學習的意義	學習是外顯行為的改變	學習是內在知識的吸收和運用	學習是情意發展和人格培養
教育效果	暫時的	持久的	永久的

知識補充站

夏山學校與開放教育

夏山學校（Summerhill School）位於英國，是一所另類學校，完全不由成人安排任何課程，教育內容以學習者為出發點。1921年由尼爾創辦，美國在1968年創辦的瑟谷學校，正是借鑑了夏山學校。尼爾相信「一個孩子應依據自己的意願生活，而不是按照焦慮的父母和自以為是的教育專家認為的那樣」，因此，夏山學校的學生可以自由選擇所有課程內容、上課時間和地點，以及參加學校的自治會議。

常用的合作學習法

一、學生小組成就區分法

根據能力和性別將學生做異質分組，利用提示作業單進行分組的學習與評量，評量結果採組間比賽。按照學生過去的成績作為基準，每個人的進步成績可以幫自己的小組加分。這個方法強調組內同學需要協助其他成員「進步」，較適用在技能目標的達成上。

二、小組遊戲競賽法

分成異質性小組，採每週一次的比賽。教學程序是：先由教師講述第一節課，然後由同一組的成員進行共同學習，並隨時進行形成性評量，以確定各組員已學習精熟。在小組練習之後，有總結性的評量比賽，採用能力分級法。各組同程度的成員互為比賽對手。例如：各組的第一名在第一桌比賽，第二名集合在第二桌比賽，每一個人所得的分數轉換為團體分數，最後決定小組的優勝名次。

三、拼圖法II

小組成員分別到不同的專家小組進行討論，專家回到原來的小組指導其他小組成員，最後教師進行測驗和表揚。

正向心理學的理論與應用

章節體系架構

Unit 11-1 正向心理學的源起、意義與目標

Unit 11-2 正向心理學的理論架構和議題研究（一）

Unit 11-3 正向心理學的理論架構和議題研究（二）

Unit 11-4 正向管教的意義、原則和作法

Unit 11-1 正向心理學的源起、意義與目標

一、正向心理學的源起

（一）正向心理學（Positive Psychology）是近年來心理學發展的新趨勢，是指當個人遇到挑戰或挫折時，會產生解決問題的企圖心，並不斷的練習改變思路，強化正向力量以迎接挑戰。

（二）雖然正向心理學這一詞起源於馬斯洛在1954年的《動機與人格》一書，但美國賽里格曼（Martin E. Seligman）被認為是現代正向心理學運動之父，他在1998年選擇正向心理學作為自己在美國心理學協會主席任期的主題。他提出正向心理學之目的，在幫助個人找到內在的心理能量，作為對抗挫折的緩衝，掌控逆境與困難，使得個人在遇到困難時不會輕易落入憂鬱的狀態中。爾後，第一屆正向心理學術會議於1999年召開，第一屆國際正向心理學會於2002年舉行，在2009年6月召開了第一屆正向心理學世界大會。美國哈佛大學也於2006年首度開設正向心理學課程。

（三）1990年代以前，心理學的研究著重於治療心理疾病與改善負向情緒，例如憂鬱症、精神分裂症、酗酒等，但是效果僅只為了使人們脫離生命痛苦的狀態，而忽略尋找生命的正面價值和意義。於是賽里格曼主張應致力於探討如何促使人們生活得更幸福美好，去發覺、培養和發展每個人的正向心理能力，並引導人們過著充實、愉快、有意義的生活。

（四）此後，正向心理學的研究熱潮掀起，針對正向的議題，例如愛、樂觀、快樂、復原力、幸福感等進行探究。

二、正向心理學的意義

（一）**正向心理是一種信念**：它不是為了要爭取名利或是權力，而是一種信念用來克服挫敗，並完成生命中具有價值及具創意的價值觀。

（二）**正向心理是導向正面思考**：凡事往好的方面思考，避免鑽牛角尖。

（三）**正向心理是相信自己具有潛能**：每個人心中都有積極正向的心理力量，沒有克服不了的困難。能夠克服艱難的人，是因為知道如何將潛能激發出來，相信自己，就能產生強大力量。

（四）**正向心理是正確的心態**：它是由正面的特徵所組成的，例如信心、誠實、希望、樂觀、勇氣、進取、慷慨、容忍、機智及誠懇等。

（五）**正向心理是懂得運用長處與美德**：它主要包含六種美德「智慧與知識、勇氣、人道與愛、正義、修養、心靈的超越」。

三、正向心理學的目標

（一）**快活的人生**：能夠成功在生活中獲得各種正面情緒，包括快樂、自信、平靜、滿足等。因此，正向心理學致力於研究各種正面情緒，發展有效維持正面情緒的方法。

（二）**美好的人生**：我們如果能夠在各種生活的重要環節上（包括家庭、人際關係、工作、子女管教等）運用個人獨特的長處和美德，便可以獲得滿足及美好生活。

（三）**有意義的人生**：人們有更高遠的人生目標，追尋有意義的人生。

傳統心理學與正向心理學的比較

重點	傳統心理學	正向心理學
中心思想	以問題為中心	著重全人發展
對人的假設	人會產生問題和被動	個人、群體和社會充滿生機和希望
介入焦點	著重研究和強調如何解決或減少問題	提倡在正面之間取得平衡，著重研究、分析和找尋人類的優點及潛能
缺點	忽略發掘人的潛能、優點和防禦能力，較難持久面對將來的挑戰	很多概念和理論仍在研究階段，有待證明和發展

知識補充站

馬丁・塞里格曼在《真實的快樂》（Authentic Happiness）一書中指出，快樂是由三項要素構成：享樂（興高采烈的笑臉）、參與（對家庭、工作、愛情與興趣的投入程度）、意義（發揮個人優點，獲致高遠的理想目標）。他認為享樂帶來的快樂最為短暫，然而卻有許多人以追求享樂作為生活目的，卻不知道參與和意義感更重要。

塞里格曼對正向情緒的詮釋

塞里格曼將正向情緒依過去、現在與未來三種時段做區分。以過去而言，個體可透過感激、寬恕的方式，將過去的情緒帶出來，進入滿足和滿意的境界；以目前而言，有愉悅和心流兩種，愉悅較易達到，而心流能給個體長時間的滿足；以未來而言，個人必須對未來產生希望和樂觀，才有信心和自信去面對未來的挑戰。

過去的正向情緒	現在的正向情緒	未來的正向情緒
滿意（satisfaction） 滿足（well-being） 感恩（thanking） 寬恕（forgiving） 遺忘（forgetting）	愉悅（pleasure） 心流（flow） 信心（faith） 信任（trust）	樂觀（optimism） 希望（hope）

Unit 11-2 正向心理學的理論架構和議題研究（一）

一、正向心理學的理論架構

（一）塞里格曼致力於發展一套完整的正向心理學系統，希望建立三項特色：

1. **科學化的研究**：建立一套以驗證為基礎的理論，分析和找尋人類的優點及潛能。

2. **強調正面**：推動正面的元素，例如樂觀、愉快和互愛等，發覺個人和社會的優點和品德，追求正向的人生。

3. **增強對抗逆境的能力**：發覺、培養和發揮個人的長處和潛能，積極面對人生的壓力和挑戰。

（二）塞里格曼發現正向心理學的主要內容有三根柱石：

1. 正向經驗（the positive experience）：是指對過去事件有好感而產生滿意、滿足；因現在的經驗或事件而引發的正向情緒為愉悅、快感；對於未來期待而產生樂觀、希望。

2. 正向特質（the positive quality）：是指經由後天學習與少數遺傳因素所產生的美德和個人優點，包括智慧與知識、勇氣、人道與愛、修養、正義、心靈的超越，以及依此六種美德所衍生的 24 種特質等。

3. 正向組織（the positive institution）：組織會影響人的行為、個性發展，而促使人正向發展的家庭、學校、社區、工作環境與社會文化條件等，即是正向心理學所探討的範圍。

二、正向心理學的相關議題研究

（一）幸福感

1. 幸福感（wellbeing）是指個人對於當下或是全部生活中，感受到實現自我抱負、生命有意義且愉悅的一種持續性的感覺。具有高幸福感的人，大多為外向人格特質、樂觀主義及少憂慮的人。

2. 幸福感包括主觀幸福感及自我成長兩層面，前者包括快樂、生活滿意，而後者則包括自我實現、自我價值感。

3. 哈佛大學教授塔爾．班－夏哈（Tal Ben-Shahar）出版的《更快樂》（Happier: Learn the Secrets to Daily Joy and Lasting Fulfillment）一書中，他提出設定目標和個人成就之間有關聯，不過，和快樂之間就沒有直接關係。這解釋了為何有些人達成目標後，卻沒有感受到原本預期會獲得的快樂感，原因在於這些人不重視追求目標的過程。

4. 哈佛大學醫學院臨床精神病學教授威丁格（Robert Waldinger）主持的「幸福感」（Happiness）研究，發現：美好人生建立在良好關係上，而最快樂健康的人就是與家人、朋友擁有親密關係的那些人。這份「關係」有三個重點：

(1) 社交活躍有益健康：與家人、朋友、社群保持較多聯繫的人，心靈比較快樂、身體也較健康，大腦功能比較不會提早退化。

(2) 關係不在數量多寡，而在關係的「質」：例如身處爭執不斷的婚姻，對健康會有負作用；反之，在良好與溫暖的婚姻關係中，對健康就有保護作用。研究顯示，人們進入 50 歲後，真正影響日後健康狀況的，是他們對目前所在關係的滿意度，親密的關係能減緩老化帶來的衝擊。

(3) 良好關係不只保護身體，也保護腦力：研究顯示，是否能在年老時感受到信賴另一方，對於腦部健康有重大影響。例如 80 多歲的老先生若能感覺到有依靠的對象，他的記憶力就能更長時間地保持清晰。

正向心理學的理論架構

塞里格曼主張正向心理學需重視正向經驗、正向特質及正向組織三大主題及三者間關聯的探討，並幫助人們找出自己的優點和生命意義。

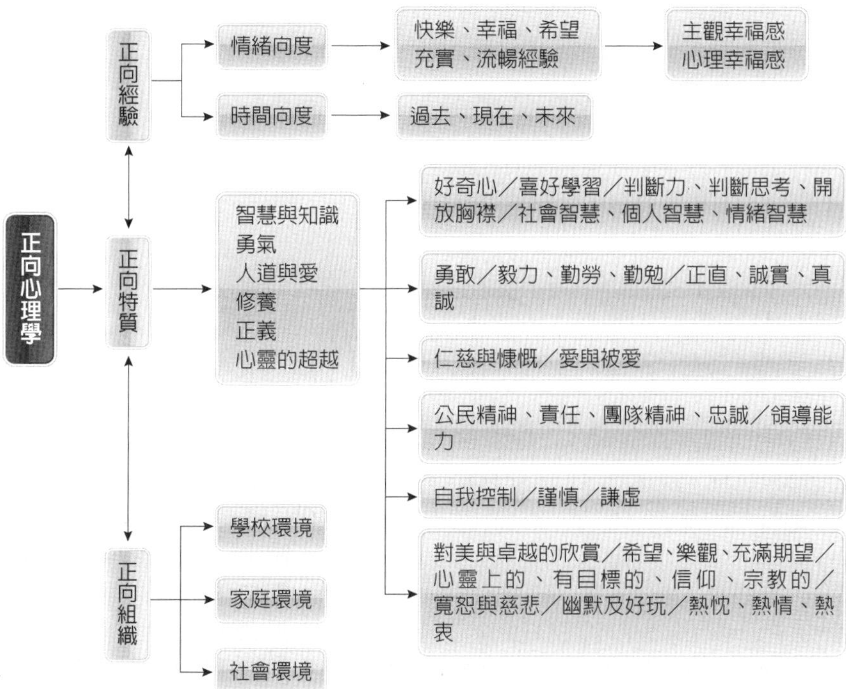

不同探討取向產生之正向心理學研究課題

探討取向	產生之正向心理學課題
以情緒為本	主觀幸福、情緒處理、心流、情緒智商、正向情緒、正向情感、復原力
以認知為本	創造力、自我控制、專注與正向評量、樂觀、渴望求知、解題評估、設定幸福目標
一般因應為本	務實協商、尋求獨特、真誠、面對真相、謙虛
特殊因應為本	生命故事、追求意義、幽默、冥想、希望、靈性尋求
人際為本	親密、寬恕、憐憫、感激、愛、同理、利他、道德動機
特殊人物	兒童、老人、身心障礙、多元文化族群、工作處境

Unit 11-3 正向心理學的理論架構和議題研究（二）

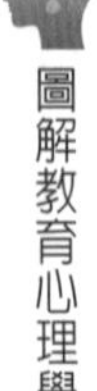

（二）希望感

1.「希望」（hope）是一個生活用語，例如：我希望變得更有錢、我希望考試第一名、我希望能得到真愛等，然而要對「希望」下一個操作型定義有其困難。

2. 根據 Snyder 的看法，當我們對一件事情懷抱著希望時，意指我們不會被動的等待著願望自動實現，而是我們會以主動態度去追求目標。因此，希望感會牽涉到「目標」、「方法」與「意願」（或意志力）三個部分互動的心理歷程。

(1) 目標：當我們所追求的目標，愈來愈明確可行，則我們的希望感會愈高。

(2) 方法：當我們有愈多的方法或策略來達到目標時，則我們的希望感會愈高。

(3) 意願／意志力：當我們意志力愈強烈時，我們就會想盡各種方法來達成目標，對於追求的事情抱持高度的希望；反之，則容易自我放棄，無法達成目標，希望感也會降低。

3. 希望感（Hope）= 達成目標的幹勁與決心（Agency）+ 達成目標的計畫與策略（Pathways）。當個體具多種達成目標的方法，同時對目標具有高度的決心與幹勁時，則個體具有高度的希望感；反之，則相對較低。

（三）復原力（resilience）

1. 是指個體在面對逆境、壓力或創傷事件中，能用以承受挫折，並促使自己發展出正向積極的因應策略的一種內在心理能力或特質。

2. 復原力是面對挫折時自我堅持與調適的能力，它涵蓋兩個層面：一是從困境中復原的能力（例如工作績效的壓力、與同事間的衝突等），或是從重大的挫敗中重新站起來的毅力（例如被降職或失去工作）。另一方面，它有更積極的意義，也就是有追尋新的意義或新挑戰的勇氣。

3. 美國賓州大學教授瑞維琪（Karen Reivich）與夏提（Andrew Shatte）的研究指出，具有復原力的人通常會表現出以下特性：(1) 做情緒的主人；(2) 抱持務實樂觀的態度；(3) 彈性的思考；(4) 體貼他人的心情；(5) 相信自己有掌控的能力；(6) 勇敢挑戰自我。

（四）正向心理資本

1. 美國學者 Luthans 於 2004 年提出心理資本（psychological capital）的概念。所謂心理資本是一個由多種因素構成的綜合體，是個體在特定情境下，對待任務、績效和成功的一種正向態度。如同物質資本存在盈利和虧損的問題，也就是正面情緒是收入，負面情緒是支出，如果正面情緒多於負面情緒就是盈利，反之則是虧損。人的所謂幸福，實際上就是其心理資本能否足夠支撐他產生幸福的主觀感受。

2. 正向心理資本可定義為個體在成長過程中，具有一種可以被開發、衡量及改變的正向心理狀態，它使得我們在面對困境或挑戰時，有自信並自我激勵，對於成功有正向歸因，並能持續不懈地朝向目標而努力。

3. 正向心理資本至少包含以下的內涵：(1) 希望、(2) 樂觀、(3) 韌性或毅力、(4) 主觀幸福感（自己心裡覺得幸福，才是真正的幸福）、(5) 自我效能（進行自我激勵）。

知識補充站

Snyder認為希望感結合了有關目標設定、問題解決、自我效能、挫折因應能力等重要心理能力。尤其當障礙出現而使目標受阻時，就更可以看到希望感的重要性，因為它涉及個體是否有意願去尋找替代方案，並以類似繞路的方式來追求原先希望達成的目標。當我們發現個體對於各項的目標都保持高度的希望感跟勇於挑戰時，那麼他的人生就會感到有光明與希望，任何事情到了手中都能成功達成目標；反之，則容易陷入自我效能感不足，對任何事件產生逃避與退縮的情況。

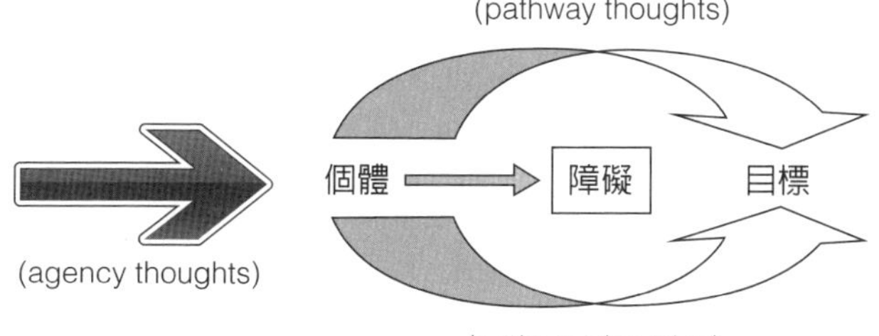

具復原力者的特性

做情緒的主人：處在壓力之下仍然能夠保持冷靜。並非壓抑自己的情緒，而是做情緒的主人。例如當你生氣時，能夠瞭解自己為什麼生氣，又該如何化解憤怒的情緒。

抱持務實樂觀的態度：相信事情一定可以解決，未來一定會更好。但是另一方面，你也不會對明顯的風險或是阻礙視若無睹。對未來有著正面的期望，同時又抱持務實的態度面對困難。

彈性的思考：正確的解讀問題發生的原因，不會一味的怪罪他人或是自責，而是全面的考量各種可能的因素；保持彈性，不固守單一的想法。

體貼他人的心情：善於觀察非語言的動作，試著瞭解對方在想些什麼、當下的感受是什麼。

相信自己有掌控的能力：相信自己有能力可以解決問題，可以把事情做到最好。願意面對環境、改變環境，而非受制於環境。

勇敢挑戰自我：願意跳脫自己的能力限制以及現有的成就，接受新的挑戰或是追尋新的成就。

Unit 11-4 正向管教的意義、原則和作法

一、正向管教的意義

（一）正向管教（positive discipline）是指以正向的態度與方法來指導學生，協助其與他人建立健康和諧的關係，並希望讓學生發現自己有解決問題的能力，克服障礙並表現出合宜的行為。進一步來說，正向管教的概念為彼此尊重，讓學生能夠瞭解行為背後的信念及意義，達成有效的溝通。正向管教培養學生問題解決的技巧以及教導紀律，最終目的在於使學生變得更有責任感。

（二）雖然體罰可以暫時壓抑學生的不良行為或導致短暫的服從，卻會帶來更多的壞處，包括破壞師生關係、造成學生的低自尊與不安恐懼、教會小孩不滿時就使用暴力或攻擊，以及鼓勵教育人員發洩情緒。因此，推動正向管教是期許教育人員應學習瞭解學生各種偏差行為的成因，以及如何管理情緒，並採用其他正向管教方式，以杜絕體罰及其他違法與不當管教所造成的負面影響。

（三）根據教師法第 17 條第 4 項明定：「教師應負輔導或管教學生，導引其適性發展，並培養其健全人格之義務。」明確賦予教師管教權，應善盡輔導與管教學生的責任，以輔導代替懲罰，並採取合於教育專業的管教方式。為進一步保障學生權益，並杜絕體罰對學生性格發展的不良影響，我國於 2006 年 12 月修正公布教育基本法，其中第 8 條第 2 項明定：「學生之學習權、受教育權、身體自主權及人格發展權，國家應予保障，並使學生不受任何體罰，造成身心之侵害。」其後，有鑑於教育行政機關雖已明文禁止體罰，但校園體罰的情形仍舊存在。為了改善此情形，教育部於 2007 年 6 月公布「學校訂定教師輔導與管教學生辦法注意事項」、「學校實施教師輔導與管教學生辦法須知」、「教育部推動校園正向管教工作計畫」，再次重申教師輔導與管教學生之目標應在於：1. 透過專業成長教育，增加全體教育人員正向管教之知能；2. 發揮正向管教功能，杜絕校園違法或不當管教案件之發生；3. 促進教育行政機關與學校之分工合作，加強三級預防功能，創造友善校園，輔導學生健全發展。

二、正向管教的原則及建議作法

（一）先告訴學生您瞭解並接受他做此事的理由，然後陳述「但是」，再說明對他的期望。透過這樣的陳述，協助學生覺察別人的需要，並進而發展對他人的尊重。

（二）提供或示範解決策略。

（三）明確地指出學生的能力與對他的期望。此外，透過讚美與正向的期望，也能協助學生發展自信及正向的態度。

（四）以尊重的態度及文字進行教導，避免以斥責方式進行，以免減低學生的自尊。

（五）教師不宜只要求學生聽令行事；應提供學生練習做決定的機會，以協助他們發展獨立性及做決定的能力與技巧。

（六）指導學生透過語言表達自己的感受與情緒，然後再協助他們思考解決問題的方法。

（七）讓學生知道相關的規範和標準，以協助學生發展自我管理的能力。

（八）教師應使用明確的語言，以避免學生誤解而造成不必要的困擾。

知識補充站

教育人員體罰學生可能的原因

1. 對人權的認知不足：教育人員忽視兒童身體自主權，對學生自律的不信任。
2. 輕忽或不瞭解體罰的負面後果：認為體罰可以快速有效的矯正學生行為，卻不瞭解後續帶來的危害。
3. 未深入理解學生偏差行為的原因：如果將學生的偏差行為解釋為故意造成的，則較易懲罰學生。
4. 缺乏對各種學生偏差行為做合理有效處置策略的輔導知能。
5. 欠缺情緒管理技巧：容易在生氣和發洩憤怒之下，因而體罰學生。
6. 來自升學風氣及學校管理主義的壓力：要求提高學生的課業成績，卻忽視如何提高學生的學習動機和學習策略較不熟悉，且忽略個別差異。
7. 輔導資源不足：中小學的輔導人力和資源相當有限，無法獲得有效的支持。

學校推動校園正向管教的三級預防目標

1. 初級預防：透過專業成長教育，增加教育人員對體罰影響之認知與對學生偏差行為之類型、成因及合理有效處置措施之知能，並加強教育人員班級經營及情緒管理之能力。
2. 二級預防：確實瞭解各教育人員輔導與管教學生之現況，針對使用違法或不當管教方式之教育人員，提供繼續教育與輔導，協助其採取正向管教方法。
3. 三級預防：學校在教育人員違法處罰學生之事件發生後，進行通報與處置，以預防體罰之再發生。

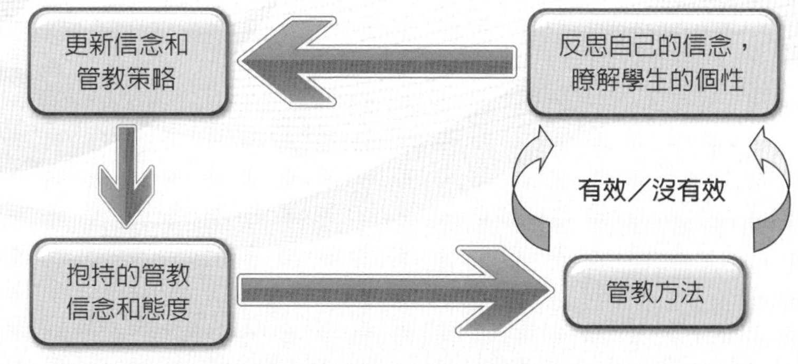

第12章 學習動機與教育

章節體系架構 

Unit 12-1 學習動機的意義

一、動機的意義

（一）動機（motivation）指引起個體行為，然後維持這個行為，最後引導這個行為朝向某一目標的內在歷程。

（二）動機可以解釋行為：例如：有一位同學拾金不昧，我們無法斷定這位同學的行為是不貪財，因為他的動機有可能為三種：第一種是他拿到錢不知要拿，第二種是他拿到錢不敢拿，第三種才是他不拿不義之財，很明顯第三種才是不貪財的行為。

（三）應用於教育上，例如：教師在教學過程中指導學生會讀書（被動受教），然後願意用功讀書（有了學習動機），最後喜愛讀書（求知興趣）。

二、動機的相關概念

（一）需求（need）和驅力（drive）

廣義來說，需求、驅力與動機三者相同，都是用來表達個體行為的內在原因與動力。狹義來說，驅力主要是原始性或生理的動機（如飢、渴、性等），需求則是代表不同動機（如生理需求、成就需求）。

（二）好奇（curiosity）與習慣（habit）

好奇是指使個體對新奇的事物會產生一種探索的內在衝動。習慣則是在生活中長期練習而養成的，正所謂「習慣成自然」，會產生內驅力。

（三）態度（attitude）與興趣（interest）

態度是指個體對人、事和周圍世界所擁有的一種持久性的傾向。興趣是指個體對人事物所表現的選擇時，會產生偏好的內在心向。

（四）意志（will）與價值觀

意志也可以說是「志氣」。價值觀是指個人判斷是非善惡的標準。

（五）刺激與誘因（incentive）

誘因也會引發動機、增強行為，正誘因像是食物、玩具和金錢，負誘因像是電擊、苦藥和罰單。例如：學生為了獲得教師的讚美，而努力用功讀書。

三、動機的類別

（一）**生理性動機**：引起行為的生理需求，例如：飢、渴、性等。

（二）**心理性動機**：引起行為的內在心理原因，例如：求學、求名、求利。

四、學習動機的意義

是指引起學生學習活動，維持學習活動，並引導這個學習活動朝向教師所設定的教學目標之內在歷程。

五、學習動機的類型

（一）**社會性學習動機**：例如：受到同學的正向激勵，或是和同學互動良好而感到滿足，於是努力用功讀書。

（二）**表現性學習動機**：學生很在意他人的評價，很重視在他人面前的表現（博得父母歡心或教師稱讚），通常會選擇最簡單的工作以避免失敗。

（三）**情境學習動機**：即外在學習動機，因為想要得到外在酬賞而努力學習。

（四）**性格學習動機**：即內在學習動機，為了滿足內在需求（喜愛求知）而努力學習。

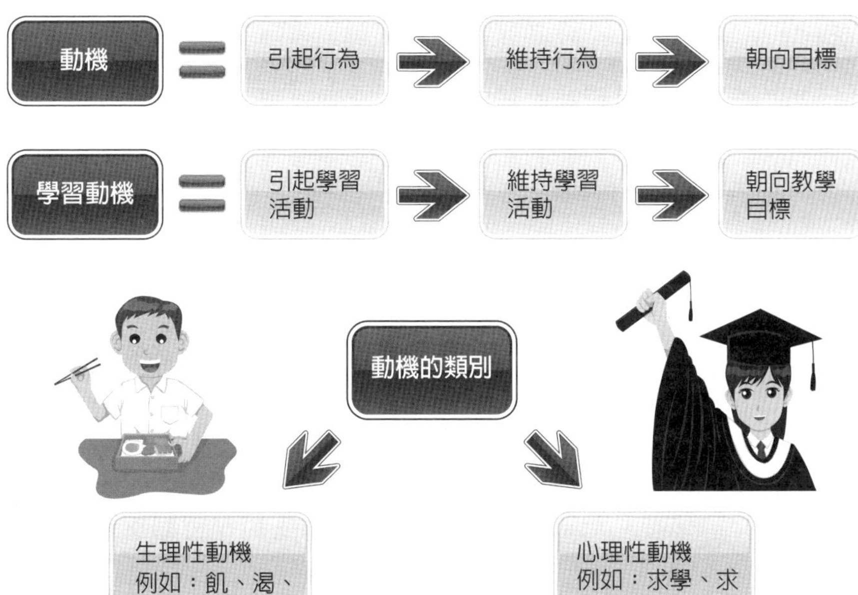

情緒和動機的異同比較

		發現學習理論	意義學習理論
相同點		都源自於個人內在對外在事件的回應，通常會伴隨著生理感受，例如：害怕是情緒也是動機，兩者皆具有生存適應的功能。	
相異點	種類	包含快樂、驚訝、生氣、厭惡、害怕和悲傷等。	包含生理性動機和心理性動機。
	刺激	情緒的產生需要有外在對象，刺激是可見的。	動機的產生不需要有外在對象，刺激是無法觀察到的。
	循環性	很少循環。	有循環週期。
	對行動的影響	情緒因刺激而引起，不需要滿足就可停止，會阻礙或改變原有的行動。	動機因需求而引起，需求一旦滿足就會激發、引導和支持行動。
	行為反應	外在刺激使個人產生被動的行為反應。	因內在動力需求而主動產生行為反應。

Unit 12-2 行為和人本主義的學習動機理論

一、行為主義學習動機理論的基本理念

（一）生理上的需求產生驅力，驅力又引發行為。

（二）理論依據是增強原則和驅力減低理論，運用正增強、負增強和後效增強等作用來維持學習動機。

（三）屬於外在動機的性質。

二、行為主義學習動機理論在教育上的應用

（一）運用編序教學和電腦輔助教學來誘發，並維持學習動機。

（二）運用獎懲制度（外在誘因）來誘發並維持學習動機。另外，如果是應用班杜拉的社會學習理論，則是對學生的優良行為公開表揚（拾金不昧或模範生），可以引起學生模仿學習（見賢思齊），藉以提升學習動機。

（三）不同的學生需要不同的學習目標，教師可透過示範、提示和增強來幫助學生設定具挑戰性的目標，或是找一個容易達成的目標，來減低或解除身上的壓力。

三、行為主義學習動機理論的缺點

（一）無法培養學生內在求知熱忱：學生為追求高分而用功讀書，只是被動的讀書和應付考試，不是真正為了求知興趣而讀書。

（二）會產生趨獎避罰的不當心態：學生在心態上會為了趨獎避罰而用功讀書，會使學習的興趣窄化。

（三）手段目的化會有礙人格發展：一旦讀書考試變成學生每日的工作負擔，會造成學生只是為了應付考試而讀書，無法從讀書的過程中獲得精神上的滿足。

（四）短視近利不易產生學習遷移：學生只想趕快考試過關，短視近利的想法造成一考完試就把一切拋諸腦後，不易於長期記憶保存，等到日後面對新的學習情境，也無法產生學習遷移。

四、人本主義學習動機理論的基本理念

（一）人有自我成長的需求，因而引發學習動機。

（二）理論依據是需求層次理論和社會需求理論，馬斯洛認為學習是內發的，學生生而具有自我成長的潛能。

（三）屬於內在動機的性質。

五、人本主義學習動機理論在教育上的應用

（一）教導學生認識自己，要先於教導學生讀書求知。

（二）教師和家長要互相配合，滿足學生的基本需求（生理、安全、隸屬與愛、自尊），才能鼓勵學生繼續成長，追求自我實現的高峰經驗（求知、求美、自我實現），最終達到全人教育之目的。

（三）教師班級經營時，要建立良好的師生關係，營造和諧的教室氣氛，才有助於引發並維持學習動機。

學習動機的行為論和人本論之比較

	基本理念	動機性質	理論缺點	教育主張
行為主義學習動機理論	生理的需求 ↓ 驅力 ↓ 行為	外在動機（增強原則）	1.重視外誘控制 2.趨獎避罰心態 3.有礙人格發展 4.不利學習遷移	重點在於規劃良好教學情境並運用後效增強，來維持學習動機
人本主義學習動機理論	人有自我成長的內在動力	內在動機	無	重點在於促使學生的學習動機，能專注於教師所規劃的教學活動

知識補充站

驅力減低理論

Clark L. Hull認為很多動機是為了減低身體壓力而引起，就像有人專門尋找刺激，也有人喜歡平靜的過日子。

行為主義的學習動機理論

外在動機 → 獎懲制度 → 獲獎、考高分

人本主義的學習動機理論

內在動機 → 成長需求 → 自我實現

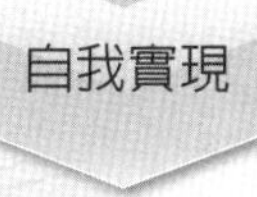

Unit 12-3 認知主義的學習動機理論（一）

一、認知主義學習動機理論的基本理念

（一）理論依據是皮亞傑提出人類因認知結構失衡而調適，再到平衡的說法。

（二）人有求知的需求，因而引發學習動機。

（三）屬於內在動機的性質。

二、海德的歸因理論

（一）社會心理學家海德（Heider）在 1958 年首先提出歸因理念，也就是解釋某件事發生的理由。

（二）「為什麼某人會做出那樣的行為？」海德解釋原因有二：

1. **情境歸因**：大多用來解釋自己的行為，例如：「時不我予，這次失敗都是老天爺不給機會。」

2. **性格歸因**：大多用來解釋他人的行為，例如：「都是因為他的個性太急才會做錯事。」

三、羅特的控制理論

（一）社會心理學家羅特（Rotter）提出，一個人會把成功或失敗的原因歸咎於自己或環境。

（二）「為什麼我會成功／失敗？」羅特解釋原因有二：

1. **內控的人**：凡事操之在己，因為我努力所以我成功，或因為我懶散所以我失敗。這是一種對自己行為負責任的看法，屬內在動機、自主導向。

2. **外控的人**：凡事操之在人，因為我運氣好所以我成功，或因為別人阻礙所以我失敗。這是一種對自己行為不負責任的看法，屬外在動機、他主導向。

四、溫納的歸因理論

（一）美國心理學家溫納（B. Weiner）針對一個人行為結果是成功或失敗提出解釋，因此又稱「成敗歸因理論」；溫納認為造成一個人成敗的原因有三個向度，因此又稱「三向度歸因理論」。

（二）「為什麼我會成功／失敗？」溫納解釋原因有三個向度：

1. **因素來源**：能力、努力、工作難度、運氣、身心狀況與其他。

2. **穩定性**：情境是否穩定一致。

3. **能控制性**：個人是否能夠控制。

五、歸因理論在教育上的應用

（一）幫助學生瞭解自己對成敗的歸因，有助於建立明確的自我概念，更加認識自己（例如：明白自己的能力到達什麼程度）。

（二）透過教師和家長的鼓勵和支持，有助於導向正向的人格發展。尤其是一些學生常因自信不夠、心智不成熟或是習得無助，導致他們會有錯誤的歸因，總覺得是自己做得不好。例如：有的子女在面對父母親離異時，他可能會歸因於自己不夠好，所以爸爸、媽媽不再愛我；或是有的學生會因為運動會的大隊接力跑輸了，而有自己拖累別人的愧疚及不安。

（三）幫助學生澄清想法、建立正確歸因，從失敗中學習如何改進、提出解決方法並培養反思能力。教師和家長可帶領學生以更積極的心態來看待這個世界，成為一種向上樂觀的人生哲學。

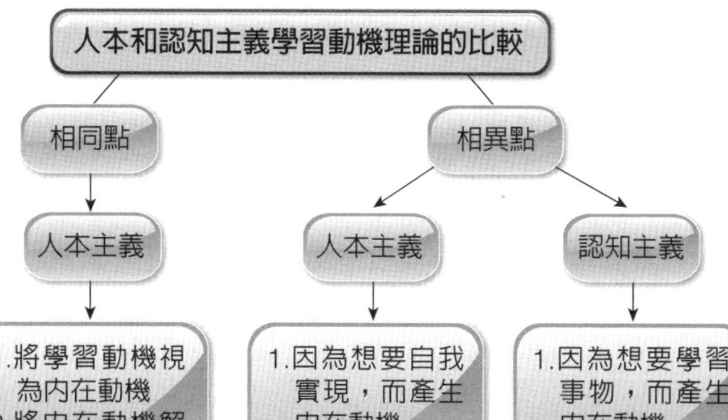
人本和認知主義學習動機理論的比較
相同點
相異點
人本主義
人本主義
認知主義
1.將學習動機視為內在動機
2.將內在動機解釋為「需求」
1.因為想要自我實現，而產生內在動機
2.著重於情意需求的滿足
1.因為想要學習事物，而產生內在動機
2.著重於認知需求的滿足

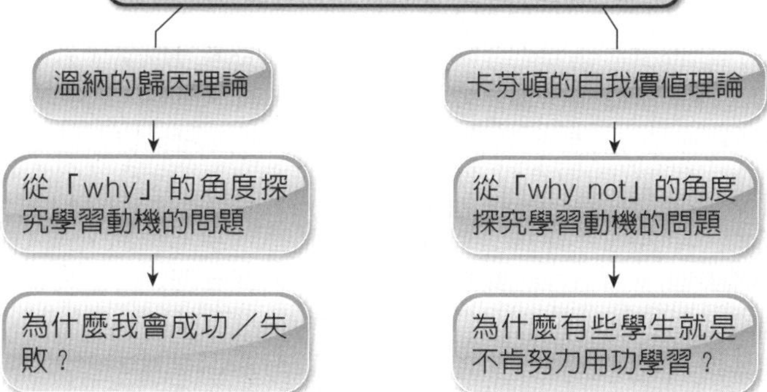
溫納歸因論和卡芬頓自我價值論的相異點
溫納的歸因理論
卡芬頓的自我價值理論
從「why」的角度探究學習動機的問題
從「why not」的角度探究學習動機的問題
為什麼我會成功／失敗？
為什麼有些學生就是不肯努力用功學習？

溫納歸因理論的三個向度

歸因別	成敗歸因向度					
	穩定性		因素來源		能控制性	
	穩定	不穩定	內在	外在	能控制	不能控制
能力	V		V			V
努力		V	V		V	
工作難度	V			V		V
運氣		V		V		V
身心狀況		V	V			V
其他		V		V		V

Unit 12-4 認知主義的學習動機理論（二）

六、卡芬頓的自我價值理論

（一）美國教育心理學家卡芬頓（Covington）從學習動機的負面來分析問題，探討「為什麼有些學生就是不肯努力用功學習？」答案可能是缺乏自我價值、只會逃避失敗、不敢面對問題。

（二）卡芬頓認為自我價值感是一個人追求成功的內在動力來源，而成功與否是靠能力而不是努力，「能力→成功→自我價值」是前因後果的關係，例如：「我能力好，帶來成功經驗多，我對自己有信心。」

（三）成功難追求，只好改用逃避失敗來維持自我價值。例如：有的學生每次遇到要考試，準備到一半就會心煩，然後去整理自己的房間，結果一整理起來就一發不可收拾。於是，就可以為考試考差了找到藉口：「都是因為我把時間花在整理房間，所以今天當然考不好」，其實在不知不覺中已讓自己變成一個「逃避失敗的成功者」。

（四）學生對能力和努力的歸因會隨年齡而轉移，一般來說，學生的學習動機隨年級升高而減低，例如：國小低年級學生會比較歸因於努力（用功讀書才是好學生），國小高年級學生會比較歸因於能力（用功讀書才有好成績的人，是因為他不夠聰明）。

（五）教育上的應用

1.昭示了學校教育兩個大問題：「為什麼有能力的學生就是不肯用功讀書？為什麼學生年級愈高、讀書愈多，反而愈沒有學習動機？」

2.有必要檢討學校教育目的，讓學習可以貼近學生的生活經驗，讓學習對學生而言是有意義的事，才有辦法激發學習動機。

七、引發及維持學習動機的方法

（一）不利於學習的教育情境

1.升學主義下，只重知識教學而忽略學生心智發展，只重升學科目而忽略藝能科目。

2.「吃統一麵，喝統一奶」的教學進度、教材內容和評量方式，沒有考慮學生個別差異，不能滿足學生情意和認知方面的需求。

3.考試領導教學，學生對分數斤斤計較，容易導致學生對學習產生不當的心態，甚至扭曲人格發展。

（二）增進學習動機的方法

1.教學活動設計要提供足夠的誘因，增強學生喜歡學習，等到滿足了學生的外在動機後，就要試著轉化為內在動機，引導學生樂於學習。

2.要滿足學生的基本需求，要營造積極和諧的班級氣氛，求知的成長需求自然就會發生。

3.除了滿足學生情意和心理上的需求之外，也要引導學生建立合理的歸因，進而產生自我價值感，學生就會自動自發的求知向善。

4.教師要讓學生清楚瞭解學習目標、學習內容、學習方法和評量方式等，學生有了學習的目標與方向感之後，就會樂於學習。

5.教師和家長要經常對於學生學習行為給予正向回饋，多以鼓勵取代稱讚或責備，讓每個學生都有成功學習的經驗，避免習得無助感。

動機	學習動機
引起個體活動（或行為）→維持該活動→引導該活動朝向某一目標的內在歷程	引起學生學習活動（或學習行為）→維持該活動→引導該活動朝向教師設定的目標的內在歷程

	行為主義的學習動機論	認知主義的學習動機論	人本主義的學習動機論
基本理念	學習動機起於生理需求的誘因或見賢思齊的心理	學習動機起於認知結構失衡	學習動機起於人性的成長與發展
動機性質	外在動機 生理需求的滿足	內在動機 認知需求的滿足	內在動機 情意需求的滿足
教育上應用	1. 先滿足學生基本的生理需求（其餘免談）。 2. 運用外在誘因、後效強化或見賢思齊的策略。 3.（缺點）易造成學生趨獎避罰的心態、功利取向、缺乏主動求知的熱忱。	1. 教學生前需先瞭解學生對於學習成敗歸因的解釋（幫助學生消除消極歸因，並提升人格成長）。 2. 需幫助學生瞭解自己。 3. 需幫助學生建立自我價值感。	1. 應建立良好的師生關係及和諧的教室氣氛。 2. 需幫助學生追求自我實現的高峰經驗。
理論基礎	1. 行為主義理論。 2.（修正的行為主義）社會學習理論。	1. 羅特的「內控、外控觀」（有人認為凡事操之在己，有人認為凡事操之在天）。 2. 溫納的「三向度成敗歸因論」（三向度：因素來源、穩定性、能控制性；六大類：能力、努力、運氣、工作難度、身心狀況、其他）。 3. 卡芬頓的「自我價值論」（肯定自我能力，便能邁向成功並建立自我價值，但有些有能力的學生不肯努力，只會在教師面前擺出很認真的態度，並對於學習失敗準備好一套說詞）。	1. 馬斯洛的「需求層次論」（生理、安全、隸屬與愛、自尊、知、美、自我實現）。 2. 高峰經驗（個人追求自我到自我實現前的喜悅感和滿足感）。

第 13 章

教學理論與教學實踐

章節體系架構

Unit 13-1 從學習理論到教學理論

一、教學是一門科學也是藝術

有人主張教學是一門科學（science），因為教學目的在追求真理，可依循科學化的教學方法來達到預期的教學目標。有人認為教學是一門藝術（art），因為教學目的在陶冶學生性情，教學方法應結合藝術美感元素，激發學生創造力和想像力。不過，也有人認為教學是科學也是藝術，教學目的既求真也求美，有效促進學生理性知識和感性經驗的調和發展。

二、為什麼需要教學理論

教育心理學依賴心理學基礎已建立學習理論，為何還要建構教學理論？什麼是教學理論？

（一）理由

1. 學習理論只向教師提供學生心理特徵和學習原理的知識（how to learn），還不夠達到有效教學之目標。

2. 透過教學理論可以幫助教師探討如何教學才會獲得最佳效果（how to teach），藉以改進教學，提升教學品質。

（二）意義

1. 教學理論是教育學的一門分支學科，研究教學情境下教師引導、維持及促進學生學習行為的歷程，屬於課堂教學實踐之研究範疇。

2. 教學理論是一套具「處方功能」的系統理論，具「實用性」和「含括性」（適用於所有學科），能協助教師於教學時順利達成教育目的。

三、教學理論的起源與發展

（一）捷克教育家康米紐斯（J. A. Comenius, 1592-1670）的《大教學論》（1632），是第一本系統化的教學理論。

（二）德國教育家赫爾巴特（J. F. Herbart, 1776-1841）的《普通教育學》（1806）確立了心理學和哲學的理論基礎，使教學理論成為一門真正獨立的學科。此後，教學理論朝心理學和哲學兩個方向發展。歐洲（以德國為代表）傾向於哲學取向；英國和美國則傾向於心理學取向，重要的代表人物有：布魯納、奧蘇貝爾以及蓋聶。

四、教學理論四條件說

布魯納提出教學理論應具備以下四個條件：

（一）導引心向：說明採用什麼有效的方法，引導學生進入準備學習的狀態。

（二）呈現教材：說明採用什麼有效的方法，來組織和結構教材。

（三）講解清楚：說明在採用什麼有效的方法，來幫助學生獲得理解，例如：由淺入深、多舉例說明。

（四）增強動機：說明在採用什麼有效的獎懲方法，來維持學生學習動機。

五、教學理論的四項課題

（一）教學設計的程序。

（二）教學目標的分析。

（三）教學策略的運用。

（四）教學評量的方法。

學習理論和教學理論之比較

	性質	關聯	目的	角色
學習理論	描述性：解釋學生心理現象	教育心理學的理論基礎	瞭解個體一般現象	描述學生個人行為的變化
教學理論	處方性：解決教師教學問題	教育心理學的實踐應用	促進個體發展與學習	關心師生互動行為的變化

教學理論

起源：
康米紐斯的《大教學論》是第一本系統化的教學理論著作

發展：
赫爾巴特的《普通教育學》確立了心理學和哲學的理論基礎

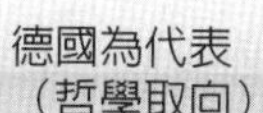

德國為代表
（哲學取向）

英國、美國為代表
（心理學取向）

知識補充站

導引學習心向

是指教師使用各種教學前策略（pre-instructional strategies），清楚告知學生要學些什麼、為什麼要學、如何學。通常會採大綱條列、前導組織架構、列出教學目標、提出待答問題及口頭敘述等方式。有時候教師也會使用各種吸引注意力的策略，例如：變化音調、使用模型、利用剪報等方式，一方面複習學生的先備知識，另方面藉以引發學習興趣。

Unit 13-2 教學設計的模式（一）

一、教學設計的起源

第二次世界大戰（1939-1945）發生後，當時美國需要快速培訓大批人員完成複雜的技術任務，於是徵召了許多教育心理學家去訓練軍人。戰後，這些教育心理學家完成了一系列的教學設計系統，從商業、工業和軍事領域移轉到學校教育。

二、ARCS 教學設計模式

（一）起源

J. Keller 在 1984 年結合動機理論提出 ARCS 教學設計模式，重點在於激發學生的學習動機，提升學習表現效果。

（二）教學設計的要素

Keller 認為良好的教學設計要「先引起你對一件事的注意和興趣」，再讓你發現「這件事和你切身的關係」，接著你又覺得「你有能力和信心去處理它」，最後你得到「完成後擁有成就感的滿足」。

1. **引起注意**（attention）：吸引學生的興趣和激發好奇心。教學策略有：提供變化性、激發求知需求和善用問答技巧。

2. **切身相關**（relevance）：滿足學生個人的需求和目標，導引出積極的學習態度。教學策略有：連結熟悉事物、確立學習目標、配合學生特性。

3. **建立信心**（confidence）：提供每位學生都有成功學習的機會，幫助建立自信心。教學策略有：訂定成功學習的標準，並給予適當的教師期望。

4. **感到滿足**（satisfaction）：讓學生因為學習有成就而得到外在鼓勵和內在酬賞。教學策略有：提供適當的回饋與獎賞，以及公平對待所有學生。

三、笛克與凱雷的教學設計系統模式

（一）起源

教育心理學家笛克與凱雷（Dick & Carey）在 1985 年提出教學設計系統模式，被公認為當代最完整且系統化的教學設計。

（二）教學設計系統模式的九項步驟

1. **確定教學目標**：根據課程需要、學生能力和教學經驗，在教學前就先預期教學後，學生可以學到什麼。

2. **進行教學分析**：為了達成教學目標，必須先分析學生具有哪些先備知識和技能。

3. **檢查起點行為**：使用口頭或紙筆測驗，檢核學生在學習新經驗之前必須具備哪些基礎經驗，也藉以瞭解學生的個別差異情形。

4. **訂定作業目標**：根據前面的步驟，進一步訂定學生可以完成的作業目標。

5. **擬定測試題目**：進行學習成就評量的命題工作（例如：段考），宜採標準參照評量方式，確實瞭解每位學生的學習情形。

6. **提出教學策略**：包括教材講解、媒材使用、提問方式及師生互動等。

7. **選定教學內容**：主要是學校規定的教材。

8. **形成性評量**：在教學尚未結束之前實施形成性評量，瞭解學生學習進步和及早發現學習困難，例如：平時考。

9. **總結性評量**：在教學結束之後，為瞭解學生學習結果是否達到預期目標所做的評量，例如：期末考。

知識補充站

概念獲得教學法

是指教學中教師確定教學內容，選擇合適的教學範例，先呈列概念的特性或定義，再舉正、反例，促使學生形成更完整清晰的概念。例如：老師先說明一對邊平行且另一對邊不平行的四邊形為梯形，再舉長方形作為反例，說明兩邊都平行的四邊形不是梯形。

笛克與凱雷的教學設計系統模式

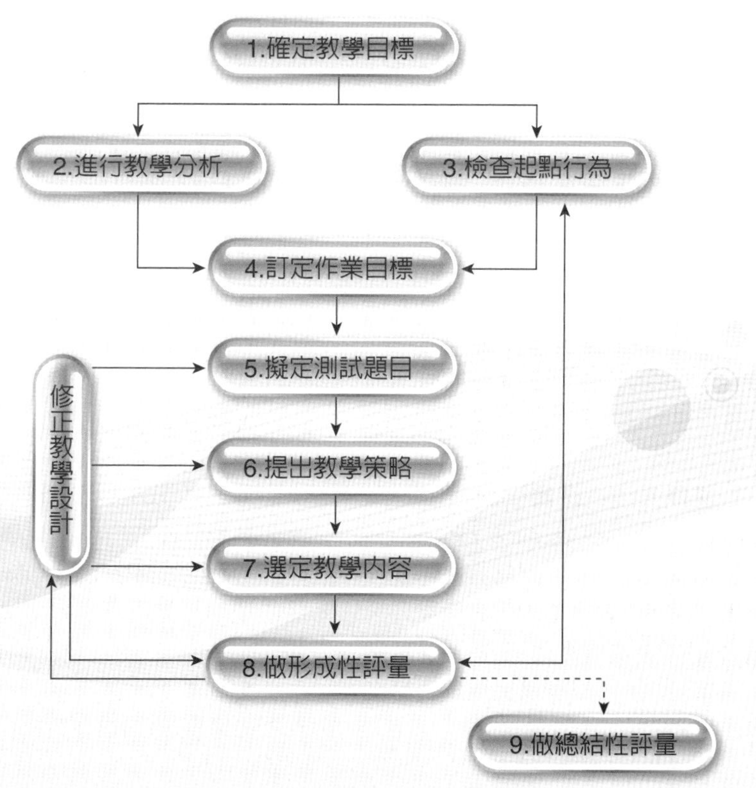

Unit 13-3 教學設計的模式（二）

四、ASSURE 教學設計模式

（一）起源

由 Heinich、Molenda、Russell 與 Smaldino 四位學者在 2002 年提出，強調在實際教學情境下，慎選與善用教學媒材來達成教學目標，並鼓勵學生互動參與，以確保有效教學之目的。

（二）教學設計的六個步驟

1. **分析學習者**（analyze learners）

學習者的特質包括一般性、特殊性與學習風格三方面。一般性是指學習者的性別、年齡、年級、背景、文化與社經因素等；特殊性是指學習者的先備知識和技能，以及學習態度；學習風格是指學生的學習偏好或習慣性特徵，例如：有的學生屬於「場地獨立型」，喜好單獨行事，有的則是「場地依賴型」，喜愛社會參與。

2. **撰寫學習目標**（state objectives）

由於教學的主體是學生，所以撰寫學習目標應以學生為中心，考慮具體可行性。教師可以設定學習成就的基準，學習目標要有個別差異，也可以讓學生自訂學習目標。

3. **選擇方法、媒體與教材**（select instructional methods, media & materials）

教師在建立教學的起點與終點後，搭橋工作則要依賴適當的工具來完成，也就是選擇適當的教學方法及教學媒材。例如：教師可以提供流程圖來簡化教學內容，或是自製教具。

4. **使用媒體與教材**（utilize media & materials）

教師要在課前熟悉設備操作與媒體使用效果，或是讓學生在課前準備相關的資料、事先預習教材，讓學習效果達到事半功倍。

5. **激發學習者參與**（require learner participation）

鼓勵學生積極參與、多做練習，也提供學生之間互動機會，教師在過程中適時給予回饋，以增強學習成效。

6. **評量與修正**（evaluate and revise）

評量有三個方面：一是對學習者的成就評量，二是對教學媒體與教材的評量，三是對教學過程的評量，評量方法應視學習的內容及目標而決定，並依據評量結果加以修正教學。

五、ADDIE 教學設計模式

教學設計的五個步驟如下：

1. **分析**（analysis）：考量學習者要學什麼。

2. **設計**（design）：考量學習者要怎麼學。

3. **發展**（development）：考量如何編製教學材料。

4. **建置或稱應用**（implementation）：考量要如何實施教學，以及安排教學環境。

5. **評鑑**（evaluation）：評量學生的學習結果或檢核教材內容。

知識補充站

講述教學法

是一種以書面或口頭形式，讓學習者主動閱讀書面資料，並傾聽教師講解的教學方式。實施程序有：1.引起學習動機；2.明示學習目標；3.喚起舊經驗；4.解釋學習內容；5.提供學習指引；6.引導主動學習；7.提供正確的回饋；8.評鑑學習成果；9.總結或形成新計畫。

討論教學法

是指運用討論的方式，教師與學生針對主題進行探討，以形成共識或尋求答案，能為團體成員所接受的意見。實施程序有三個階段：第一是準備階段，包括選擇主題、資料蒐集、成立小組、訂定時間、排列座位和角色分配；第二是討論階段，包括引起動機、說明程序和進行討論；第三是評鑑階段，包括綜合歸納和整體評估。另外，實施過程要特別注意學習環境的安排、發問技巧的培養、肢體語言的運用及爭議問題的處理。

交互教學法

又稱相互教學法，Palincasar和Brown在1984年提出，是根據建構主義而來的一種閱讀理解教學法，目的是透過師生及同儕的對話和討論，訓練學生四項閱讀策略，以提高學生自我監控和理解文意的能力。教學中，教師運用放聲思考方式先示範四項閱讀策略，接著讓學生輪流扮演教師的角色，逐步將責任轉移給學生，發展成學生間相互支持的「同儕對話」。

（一）預測：要求學生就既有知識與所知道的部分內容，確認「線索」，推測下文的內容，訂出閱讀的方向。

（二）提問：要求學生就文章中重要的概念提出問題，自我檢視能否掌握文章的內容重點。

（三）摘要：要求學生用自己的話來表達所理解的內容要點，從中反思能否理解文章的要點。

（四）澄清：要求學生解決閱讀時所遇到的困難，使他們能瞭解文章的意思。

認知學徒制教學法

Collins、Brown和Newman在1987年提出認知學徒制（cognitive apprenticeship）一詞，是指一位具有實務經驗的專家，引領新手進行學習，經由這位專家的示範和講解，以及新手的觀察與主動學習，在一個真實的社會情境脈絡下，透過彼此的社會互動，讓新手主動建構知識學習的過程。它強調真實情境的學習和實務知識的獲得，尤其重視學習者的主動思考和探究、由做中學，以及學習者須透過自我覺察、自我矯正、自我監控、自我反省的學習歷程，發展出新的知識、態度、行為和技能，以因應新的社會脈絡情境之需求。

Unit 13-4 教學目標的兩種取向（一）

一、教學目標的意義

（一）教學目標是指在教學之前，預期教學之後學生將從教學活動中學到什麼，或是預期學生行為產生哪些改變。

（二）教學目標有時也稱作行為目標，由教師訂定可操作型的目標陳述，作為實施教學活動的指引。

（三）早期的教學目標屬描述性質，只是說明教學之後學生行為會有何改變，按照認知、情意、技能分列；新近的教學目標屬處方性質，進一步說明如何可以促使學生行為產生預期的改變，統合了認知、情意、技能。

二、教學目標的要素

教學目標必須是具體的、可測量的，通常具備以下要素：學習者、特定的行為或能力、特定的情境和評估學生達成學習行為的標準。例如：「國小三年級學生能在20秒內跑完100公尺。」

三、布魯姆教學目標分類：分列與描述取向

布魯姆（B. S. Bloom）出版《教育目標分類》，把教學目標分成認知、情意、技能三類，這些教學目標也可以視為可觀察和可測量的具體行為目標。

（一）認知領域的行爲目標

1. **知識**：記憶學習材料。
2. **理解**：把握教材意義。
3. **應用**：學以致用。
4. **分析**：分析因素關係。
5. **綜合**：綜合整理、融會貫通。
6. **評鑑**：價值判斷。

後來於2001年修訂，將教學目標分成兩個向度：

1. **知識內容向度**：包括事實性知識、概念性知識、程序性知識、後設認知知識。

2. **認知歷程向度**：包括記憶、瞭解、應用、分析、評鑑、創造。

（二）情意領域的行爲目標

1. **接受**：願意學習。
2. **反應**：主動參與。
3. **評價**：正向的學習態度。
4. **組織**：能統整他人的價值觀，並納為己用。
5. **品格**：形成自己獨特的價值觀，表裡如一。

（三）技能領域的行爲目標

1. **知覺作用**：透過感官經驗來學習動作。
2. **心向作用**：已做好學習的心理準備，知道要做什麼動作。
3. **引導反應**：會跟著模仿動作。
4. **機械反應**：會有習慣性的動作，例如：彈琴、打字和騎腳踏車。
5. **複雜反應**：對動作反覆練習，達到熟練。
6. **技能調適**：因動作純熟而能做到靈活應用。
7. **創作表現**：能超越既有經驗，表現出創新的動作。

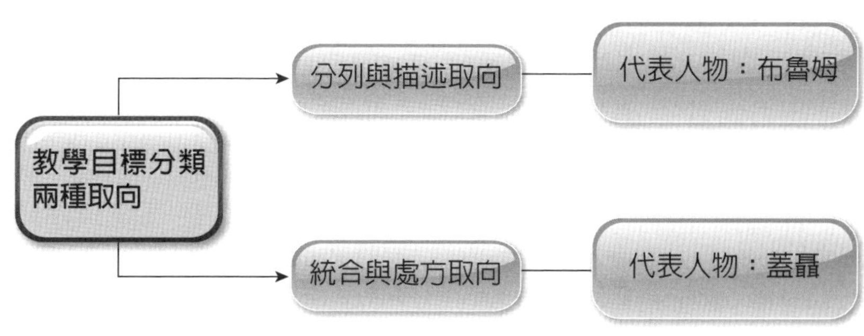

教學目標的知識向度

	記憶	瞭解	應用	分析	評鑑	創造
事實性的知識						
概念性的知識						
程序性的知識						
後設認知的知識						

知識補充站

如何敘寫良好的教學目標？

一、強調學生導向而非教師導向

例如：培養主動閱讀的習慣（X）；能主動閱讀課外讀物（O）。

二、必須是學習結果而非學習活動

例如：研究青蛙的一生（X）；能描述青蛙一生中各個階段和特徵（O）。

三、必須使用具體的行為動詞來敘寫

例如：能熟悉任何平面幾何圖形面積的求法（X）；能計算任何平面幾何圖形面積的求法（O）。

四、一個教學目標只包含一個學習結果

例如：能說出光合作用的意義和所需的要素（X）；能說出光合作用的意義（O）。

Unit 13-5 教學目標的兩種取向（二）

四、蓋聶教學目標分類：統合與處方取向

蓋聶（R. M. Gagné）在 1977 年出版《學習的條件》，他將教學目標分成五類：心智技能、認知策略、語文知識、動作技能、態度，並進一步告訴教師如何設置良好的教學情境，以達成預期的教學目標。

（一）影響教學結果的三個條件

1. **學習階層**：學生的學習能力所達到的層次。

2. **學習條件**：影響學生學習的內在（學生心理）及外在（教學情境）的條件。

3. **教學事項**：在教學歷程中，教師應該注意九個重要事項，必須先完成前面的事項，後面的事項才能繼續進行。這九個事項是：

(1) 引起學生注意。
(2) 提示教學目標。
(3) 喚起舊有經驗。
(4) 提供教材內容。
(5) 指導學生學習。
(6) 展現學習行為。
(7) 適時給予回饋。
(8) 評定學習結果。
(9) 加強記憶與學習遷移。

（二）教學目標分類

1. **發展心智技能**：這是一種學習如何做某事的能力（how to do something），也是一種程序性知識，或是指學生在生活情境中，如何運用符號，去獲取知識的能力。包括對事物的辨別、概念的形成、原則的理解和問題的解決，例如：學生能分辨正方形和長方形。

2. **學習認知策略**：是指個人運用已學會的知識經驗，經由內在心理歷程，進而獲得新知識的方法。包括：

(1) 學習增進記憶的策略：例如：注意、複習、多碼並用、意元集組、運作記憶。

(2) 學習組織知識的策略：例如：做摘要、寫筆記。

(3) 學習後設認知的策略：學生對自己認知歷程的認知。

3. **獲得語文知識**：是指藉由口語或文字所表達的知識，包括單字和詞的基礎知識（例如：配對聯想）、簡單的陳述性知識、有組織的複雜知識（例如：歷史事件和科學原理）。

4. **學到動作技能**：是指學得的一種能力，由肌肉活動時所顯示的迅速、準確、力量、平衡等特徵所表現，包括練習（練到精熟的地步）和回饋（按對按鈕，電燈會亮）。

5. **養成良好態度**：是指影響個人對其行動選擇的內在心理狀態，例如：要培養學生良好態度，當他表現出正確態度時就給予立即回饋（直接法），或是提供楷模讓學生模仿學習（間接法）。

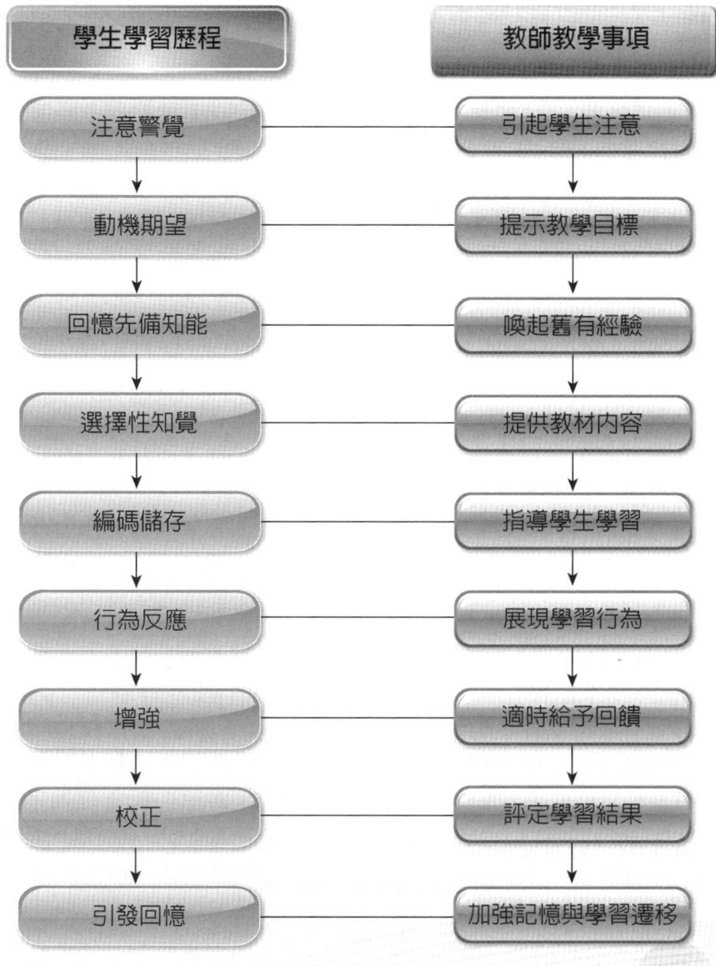

蓋聶的教學模式

知識補充站

個別處方教學法

教師教學前考量學生的起點能力和個別差異，然後安排不同的學習環境，讓學生對學習產生興趣，也隨時診斷學習狀況、調整教學，使學生充分發揮自己潛能。教學步驟如下：1.安置性評量；2.教學前評量；3.提供學習處方；4.實施習作測驗；5.實施後測；6.決定並調整教學。

Unit 13-6 教師效能與時間管理

一、教師效能的意義

（一）教師效能（teacher effectiveness）又稱有效教學，是指在教學過程中，教師所表現的一切有助於學生學習的行為。

（二）有效能教師的行為能提升學生學習成就，也表示具有教學品質。

（三）20 世紀 70 年代後，有學者運用「歷程—結果研究」方法，採直接觀察教室內教學活動，並記錄教師在教學歷程中的行為表現，再與其所教之學生的成就求取相關，進而評定教師效能。研究發現，教師效能是影響學生學習成就的決定性因素。

二、教師效能的基本條件

（一）**教學活動組織化**：包括教室管理組織化（例如：建立慣例）和教材概念組織化（例如：提供前導組織）。

（二）**師生間言語溝通**：包括教師解說清楚明確，讓學生可以徹底理解學習內容。

（三）**回饋的有效運用**：包括口頭和文字回饋，例如：學生提問或回答不論是否合理正確，教師應先接受，再予稱讚或補充；另外，也要避免消極批評、維持學習動機。

二、教學時間管理的層次和方式

教師（尤其是導師或級任教師）的一天在時間上是相當緊湊的，許多時間會花在實際教學之外的其他活動上，例如：瞭解學生出缺席情形、批改及發放作業簿本、準備教具、處理學生違規事項、布達學校交辦的通知或事項等。此外，學校時間可分成四個層次：學校排定的課堂時間、教師實際教學的時間、學生投入學習的時間、學生學習的成功比率。由此可進一步來瞭解有效的教學時間管理方式如下：

（一）**善用教學專用時間**：教師在教學過程中純粹用於教學的時間要充分掌握，使教學之外的其他活動減少到最低限度。

（二）**掌握投入學習時間**：上課時學生專心聽講與學業成就之間具有正相關，教師可以設法引起並維持學生學習動機，避免學生無事可做或離開教室的行為。

（三）**教學活動轉銜時間**：一堂課中常有數個教學活動會出現轉換和銜接的情形，教學活動若有改變應先告知學生（給予具體的指示），讓學生有時間跟著轉換，轉換順暢就可以節省下許多教學時間。

（四）**教學節奏快慢時間**：全班在共同的時間內學習相同的教材，教學節奏太快會導致許多學生跟不上，教學節奏太慢又會讓許多學生覺得無聊，因此教師可以隨時觀察學生的表情，或用問答法來確定學生是否瞭解所學知識，或是設定有 75% 的學生可以聽得懂的節奏。

（五）**個別化教學時間**：在學生自行學習的知識學習時間內，教師給予學生個別輔導，並檢查學生錯誤並訂正。

知識補充站

從生手到專家（高效能教師）

有一則教育寓言是：「一位古董名車的技術人員因為一時買不到車子零件，而將一只老舊的鍋爐巧妙地改製成車子的冷卻器，並把碎金屬改製成引發零件。終於，這位靈巧的修補匠利用手邊各式各樣的材料組合成一連串不同的成品，過程中他領會到程序、操作和推算的漸近區分及整合方式，使他從此變得駕輕就熟，而且在一開始就能知道該用何種材料最適當。」應用在教育上，生手教師和專家教師的差別，在於後者就像上述修車名匠，具有豐富的教學知識和經驗能力，於是很容易就能引導不同的學習者解決問題，有效提升專注力和學習成果。

Unit 13-7 兩種取向的教學策略

一、教學策略的意義

教學策略（instructional strategy）是指教師教學時，有計畫的引導學生學習，進而達到教學目標所採用的一切方法。

二、教師主導取向的教學策略

（一）又稱指導式教學（direct instruction）。

（二）融合行為主義與認知心理學中的意義學習論與訊息處理理論，所形成的一種教學策略。

（三）教學策略的步驟

1. 從舊經驗引導新的概念，教師提供前導組織。

2. 明確的講解教材內容，以下為七項原則：

(1) 呈現知識性的學習材料時，要明確具體、系統化。

(2) 講解宜分段進行、適時停頓，方便學生短期記憶。

(3) 遇到生字新詞，宜寫板書，符合多碼並用的原則。

(4) 講解新概念時，適時提問，以確定學生明白理解。

(5) 隨時舉例說明，例子需配合學生的認知發展水平。

(6) 輔導學生多操作和練習，從正誤答案中得到回饋。

(7) 輔導學生獨力完成作業，以符合後效強化的原則。

三、學生自學取向的教學策略

（一）理論基礎來自布魯納的發現學習論與人本主義的學習理論。

（二）教學策略的特點

1. 在教師的引導下發現學習。
2. 在合作學習中追求新知。
3. 教學活動與生活經驗相結合。

四、教學策略的選擇

教學策略的選擇是相對性的，與教學目標、學科性質及學生年齡等因素都有關。選擇的原則如下：

（一）不同學科宜採取不同策略。

（二）不同策略適合不同年級。

五、協同教學的意義與型態

協同教學是指數個教師組成教學團體（團隊）共同合作進行教學，打破以教室王國的觀念，教師可以在不同領域中各自發揮專長。優點有：統整教師專業能力、組織分工完成教學、教學相長專業成長、教學活動富有變化。Anderson 將協同教學分成三種型態：

（一）**楔形餅式**：是一種非正式的教學團體，成員自願參加，也隨時可以自由退出。

（二）**派盤式**：是一種正式的教學團體，教師之間密切聯繫，共同研擬設計教學計畫，分工合作完成教學目標。

（三）**金字塔式**：是一種嚴謹的、有小組領袖領導的教學團體，教師各自分擔不同層級的教學工作，通常需要教師分級制度配合實施。

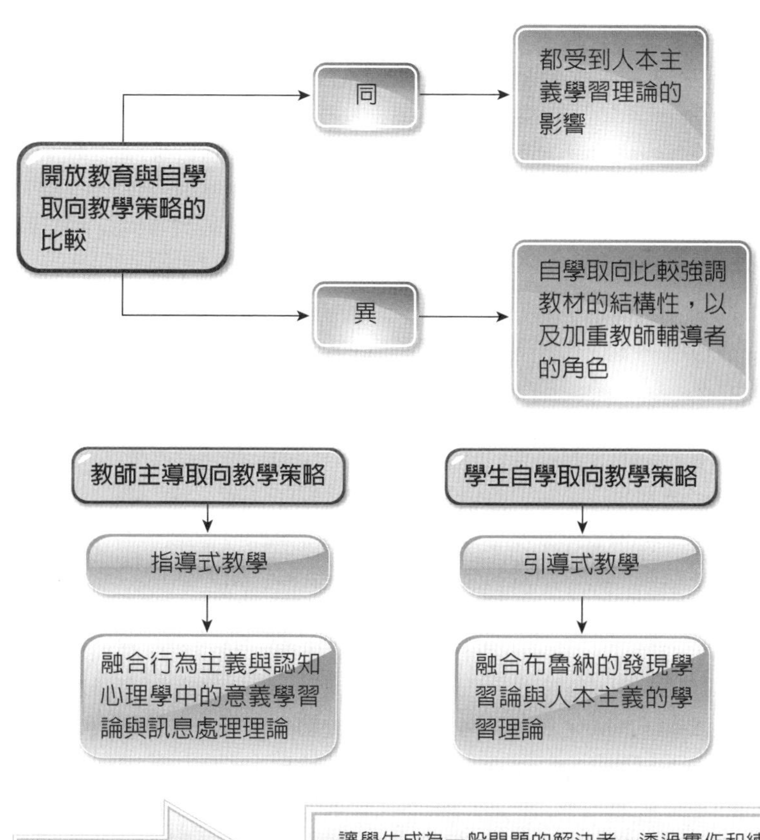
開放教育與自學取向教學策略的比較
同
都受到人本主義學習理論的影響
異
自學取向比較強調教材的結構性，以及加重教師輔導者的角色
教師主導取向教學策略
指導式教學
融合行為主義與認知心理學中的意義學習論與訊息處理理論
學生自學取向教學策略
引導式教學
融合布魯納的發現學習論與人本主義的學習理論

發現式教學法	讓學生成為一般問題的解決者，透過實作和練習，在學習中自己發現原理原則，會產生較好的學習結果。
結構取向教學法	透過許多其他事物與學科產生有意義的關聯方式來瞭解知識，例如：經由珠串和積木教導學生學會7+3=6+4=2+8。
歸納式教學法	先要求學生去解決問題，等到學生自己歸納出規則的基本架構，教師才呈現原則。教學目標在於培養學生形成原則，並遷移到新情境。
演繹式教學法	先把原則呈現給學生，然後要求學生去解決問題，透過明確的教學及應用特定原則，可以解決特定問題情境。

Unit 13-8 教學評量的定義與類型

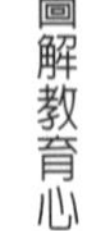

一、測驗、測量與評量的定義

（一）**測驗**（test）：用來鑑別能力或性別個別差異的工具，可以顯示受試者的優劣程度，例如：性向測驗、能力測驗、人格測驗和成就測驗等。

（二）**測量**（measurement）：根據測量工具，使用數字來描述個人特質的歷程。

（三）**評量**（assessment）：有系統地蒐集學生學習行為的資料，加以分析處理之後，再根據預訂之教學目標給予價值判斷的歷程，可以量化數據呈現，也可用質性描述判斷，藉以瞭解教師教學成效和學生學習情形。

二、教學評量的類型

（一）依實施時機區分

1. 形成性評量（formative assessment）：在教學歷程中實施，例如中小學的段考，目的在幫助教師修正教學策略，也給予學生學習回饋或修正，採用方法包括教師自編的平時測驗、平時觀察記錄和晤談記錄等。

2. 總結性評量（summative assessment）：在教學結束後實施，例如期末考試，目的在定期檢核學生學業及人格成長的程度，採用方法包括成就測驗等。

（二）依資料處理方式區分

1. 常模參照評量（norm-referenced assessment）：目的在評估學生在團體（同年級或同班級）中所占的相對位置，例如：升學考試。

2. 標準參照評量（criterion-referenced assessment）：目的在瞭解學生學習成就是否達到特定程度，例如：一般學校的考試會設定及格分數為 60 分。

（三）依實施目的區分

1. 最佳表現評量（maximum performance assessment）：目的在評量出受試者的最佳表現（能力的高低），例如：學科成就測驗。

2. 典型表現評量（typical performance assessment）：目的在評量受試者是否具備某些典型行為，例如：態度或興趣測驗量表。

（四）依功能區分

1. 安置性評量（placement assessment）：在教學前實施，用來瞭解學生先備知識，適用於一般學生，例如：學科先前測驗。

2. 診斷性評量（diagnostic assessment）：在形成性評量後實施，用來瞭解學生是否有學習困難，適用於學習困難學生，例如：學習診斷和心理診斷等。

三、多元評量的類型

（一）**實作評量**（performance assessment）：實際操作、口頭報告及實作表演的評量方式。

（二）**眞實評量**（authentic assessment）：學生應用課堂所學於日常生活中的評量方式。

（三）**檔案評量**（portfolio assessment）：學生學習歷程的資料和作品建立成檔案的評量方式。

（四）**動態評量**（dynamic assessment）：植基於維高斯基可能發展區和鷹架理論，它是一種雙向互動的評量方式，教師會在學生遇到困難時提供協助，並視協助的多寡來給分。

類別	實施時機	目的	採用方法	例子
形成性評量	教學歷程中	1.修正教學策略 2.給予學生學習回饋或修正	教師自編平時測驗、平時觀察記錄、晤談記錄	描述學生個人行為的變化
總結性評量	教學結束後	定期檢核學生的學業及人格成長之程度	學科成就測驗、平時觀察記錄	期末考試

類別	處理方式	目的	缺點	例子
常模參照評量	無事先預定標準，透過整體學生做比較分析	評估學生在團體中所占的相對位置	不能憑分數來評定學生學習成就的高低	升學考試
標準參照評量	有事先預定標準，透過標準化測驗分數做分析	瞭解學生學習是否達到特定程度	只適用於知識教學的評量，不適用於情意教學的評量	一般學校考試

類別	實施目的	主要應用	例子
最佳表現評量	評量出受試者的最佳表現（能不能）	重視競爭性與量化的評分，主要應用於認知方面的測驗	學科成就測驗
典型表現評量	評量受試者是否具備某些典型行為（願不願）	重視是否達到教學目標與質性描述，主要應用於情意方面的測驗	情意類的態度或興趣測驗量表

類別	實施時機	實施對象	評量之後	例子
安置性評量	教學前，可瞭解學生先備知識	一般學生	1.達標準：學習新知識 2.未達標準：補救教學	學科先前測驗
診斷性評量	形成性評量後實施，可瞭解學生是否有學習困難	學習困難學生	1.達標準：學習新知識 2.未達標準：個別輔導、心理諮詢	學習診斷、心理診斷

Unit 13-9 班級經營的定義與內涵

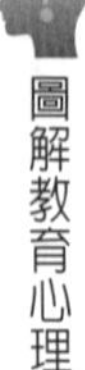

一、班級經營的定義

（一）班級經營也可稱作班級管理、教室管理和教室經營。

（一）班級經營是指師生遵循一定的準則或規範，有效處理班級裡的人、事、物，達成教育目標。

（三）班級經營是為了使班級裡的各種人、事、物活動得以順利推展和互動，由教師為中心，運用科學化的方法和人性化的理念，配合社會需求、學校目標、家長期望及學生身心，來規劃和推展適當的措施，以達到良好教學效果及教育目標的歷程。

（四）班級經營是指教師在教學過程中，如何布置良好的學習環境、營造和諧的班級氣氛、維持合宜的教室常規及秩序，並有效運用管教與輔導方法，以促使學生學習達到預期的教學目標。

（五）簡言之，班級經營要做到「三心」：教師教得「順心」，學生學得「開心」，家長感到「放心」。

二、班級經營的特性和內涵

（一）教師期望營造的班級特性

理想的班級特性有：團結有凝聚力、學習氣氛融洽、環境整潔乾淨、上課秩序良好、學習活潑快樂、尊重配合老師、互助合作學習、共同遵守班規、親師良好互動、培養讀書風氣、有禮貌榮譽心、建立良好品德等。

（二）班級經營的重要內涵

班級經營的重要內涵有：班級常規的訂定、班級環境的布置、學習氣氛的營造、學生的自治組織、班級時間的管理、學生的作業指導、讀書風氣的養成、學習動機的提升、班級總務的管理、班級危機的處理、特殊學生的處理、偏差行為的輔導、親師的合作溝通等。

（三）班級經營的實際工作

1. 建立有助於學生學習的班級常規

包括師生共同訂定合理的班級規範與獎懲規定，教師要建立並運用班級學生自治組織，維持良好的班級秩序，適時增強學生的良好表現，以及妥善處理學生的不當行為或偶發狀況。

2. 營造積極的班級學習氣氛

包括引導學生專注於學習，布置或安排有助於學生學習的環境，教學態度展現熱忱，以及教師公平對待學生。

3. 促進親師溝通與合作

包括向家長清楚說明教學、評量和班級經營的理念和作法，定期告知家長有關學生的學習情形和各項表現，以及主動尋求家長合作以促進學生學習成效。

4. 落實學生輔導工作

包括建立任教班級學生的基本資料，輔導學生並建立資料，以及敏察標籤化所產生的負向行為，適時採取預防措施與輔導。

三、教師在班級經營常用的肢體語言

教師善用良好的肢體語言，有助於維持班級良好秩序，例如：目光凝視、身體靠近、身體姿態、臉部表情和手勢示意等。

班級經營目的

- 維持並提供一個積極有效的學習環境
- 提升學習興趣，提高教學效果
- 增進師生互動，培養學生自我管理（班級自治）

教室布置

- 目的
  - 擴展學習深度與廣度
  - 發揮境教功能
  - 結合生活資訊
  - 促進師生交流互動
- 原則
  - 整體性
  - 需要性
  - 教育性
  - 合作性
  - 經濟性
  - 創新性
  - 安全性
  - 可替換性
  - 色彩協調性

知識補充站

四種班級氣氛的類型

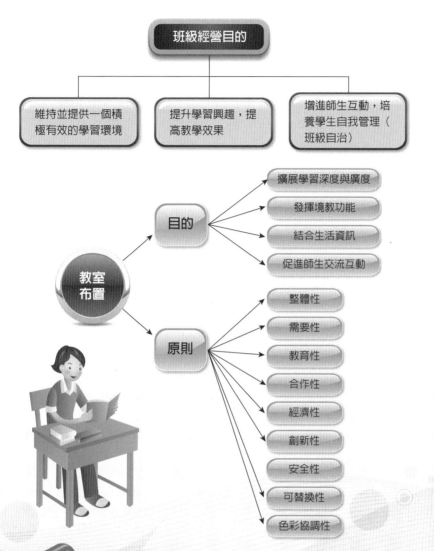

1.低關懷、低控制：教師對班級常規要求不多，也不太關心學生需求。
2.低關懷、高控制：教師重視班級常規，但不太關心學生需求。
3.高關懷、低控制：教師不太重視班級常規，但會關心學生需求。
4.高關懷、高控制：教師重視班級常規，也高度關心學生需求。

Unit 13-10 教師效能訓練與班級經營

一、教師效能訓練的興起

美國的心理醫師高登（Thomas Gordon）在 1962 年針對父母教育子女所遭遇到的各種困難，舉辦「父母效能訓練班」（parents effectiveness training）並提供一套親子溝通及解決衝突的課程。後來他將父母效能訓練技能應用到學校教師上，結果大受歡迎，在 1974 年出版《教師效能訓練》（Teacher Effectiveness Training），一時蔚為風行。

二、教師效能訓練的基本理念

（一）**以學生爲中心**：應用羅杰斯的「當事人中心治療法」，認為只要教師給予關懷、接納與支持的環境，學生就會自動自發的成長。

（二）**營造和諧氣氛**：面對學生的不當行為，教師必須建立和諧氣氛下，引導學生表達內心感受，教師從旁協助，讓學生自己解決問題。

（三）**反對使用獎賞**：懲罰的威脅或獎賞的制約，都有礙於學生的人格發展，無法讓學生為自己的行為負起責任。

（四）**釐清問題歸屬**：當學生產生不當行為時，教師必須釐清是教師的問題或學生的問題，否則會阻礙師生間良好的溝通。

三、教師效能訓練的作法

（一）**傾聽（聆聽）**

1. **意義**：有些學生會因為心理或生理問題困擾，造成無法專心上課，這是屬於「學生問題」，教師要避免使用「指導式的語言」，否則會成為師生溝通的絆腳石。

2. **傾聽的方式主要有三種**：(1) 專注，用眼睛保持注視學生，身體姿勢保持開放，並向前傾。(2) 消極傾聽，教師要安靜的接受學生並表示關心，通常可以使用「敲門磚」（開放式的問句）方式和學生談話。(3) 積極傾聽，當學生感受到自己被接納及關愛時，就會願意講出心聲。

（二）**我訊息**（I-Message）

1. **意義**：我訊息是自我揭露的訊息。它是一種清楚、容易理解又切中要點的訊息，也是人際之間表達出信任、誠實、一致的真實想法和感覺。它的優點在於比較不容易引起學生的抗拒，反而可以讓學生擔負起改變自己行為的責任，有效幫助學生成長。

2. **四種型式，包括**：表白性、預防性、肯定性和面質性的我訊息。

3. **三個步驟**：(1) 教師對學生不當行為加以描述，但不帶責備語氣；(2) 教師陳述學生的該種行為已造成的具體後果；(3) 教師表示自己對該行為的感受。

（三）**沒有輸家──雙贏法**

1. **意義**：師生間的衝突經由雙方的協商而達成共識；解決問題的方法必須是為雙方都接受的，所產生的解決辦法通常是出於學生的想法，如此一來，自然會提高學生樂觀其成的意願。最後可以拉近師生之間的距離，雙方因為衝突化解而欣喜。

2. **實施步驟有六**：界定問題、提出解決方法、評估解決方法、選擇解決方法、採取行動、評估結果。

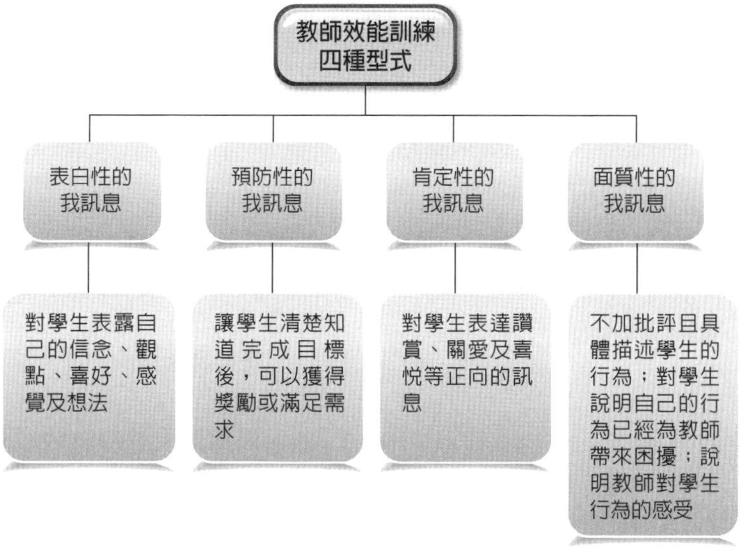

教師效能訓練四種型式

表白性的我訊息	預防性的我訊息	肯定性的我訊息	面質性的我訊息
對學生表露自己的信念、觀點、喜好、感覺及想法	讓學生清楚知道完成目標後，可以獲得獎勵或滿足需求	對學生表達讚賞、關愛及喜悅等正向的訊息	不加批評且具體描述學生的行為；對學生說明自己的行為已經為教師帶來困擾；說明教師對學生行為的感受

教師效能訓練的實施步驟

1.用需求的觀點來界定問題：利用「積極聆聽」技巧和「我訊息」，去澄清問題的癥結點。

↓

2.提出可能的解決方法：師生腦力激盪，對可能解決問題的方案儘量提出，對任何方案都不加以評價。

↓

3.評估解決的方法：對於各種可能的解決方法，進一步評估可行性。

↓

4.選擇最佳解決方法：根據可行性，決定雙方都能接受的解決方法。

↓

5.採取行動：針對所選定的解決方法加以規劃，並付諸實行。

↓

6.評估結果：實行後應定期作結果的評估，若成效令人不滿意，則需要回復到先前的步驟找出原因；如果仍無起色，則需用其他的解決方案，重複第三個步驟。

Unit 13-11 班級經營的重要模式（一）

一、行為塑造模式

（一）倡導者：史金納（B. F. Skinner），行為主義心理學的代表人物。

（二）理論重點

1. 行為是由行為本身的結果所塑造而成的。

2. 正增強物或負增強物會強化或減弱行為。

3. 在學習某行為的初期，立即和連續增強的效果最好。

4. 一旦某行為建立後，可用間歇增強來維持行為。

（三）班級經營之應用

1. **行爲改變技術**：例如教師想要去除某學生上課經常離開座位的行為，可以先觀察他一節課當中離開座位的頻率（例如：大約每 10 分鐘 1 次，約 5 次），其次教師選擇適當的增強物（喜歡打籃球，但每次下課都找不到場地），然後要他 5 分鐘不離開座位就幫他在下課時找場地打籃球，只要他能做到就立刻給予增強，接下來 10 分鐘、15 分鐘、25 分鐘、35 分鐘，一節課分成 5 個階段目標來達成教師想要塑造的行為。

2. **契約制、代幣制**：例如獎勵貼紙的應用。

二、果斷紀律模式

（一）**倡導者**：美國的卡特（Canter 夫婦），受到行為主義心理學的影響。

（二）基本主張

1. 教師以威權方式，主導並控制學生行為。

2. 訂定教室紀律計畫，明確規範師生權責。

3. 強調一致性、獎賞和後果，以及建立積極的師生關係。

4. 強調獎賞和懲處是有效的（增加約束力），教師施予賞罰要貫徹一致、沒有偏見。

（三）**教師處理學生行爲反應的三種類型**

1. **優柔寡斷型的教師**：沒有建立明確的行為標準或缺乏執行能力。

2. **怒氣衝天型的教師**：採取敵對方式，對學生大聲說話、威脅和諷刺學生。

3. **果斷反應型的教師**：教師的態度堅定、正向積極，讓學生清楚知道教師期望的行為表現，扮演施予賞罰的角色，使用「破唱片法」（broken-record response），透過一再重複相同或類似的要求，最多 3 次，超過 3 次則施予適當的懲罰。

（四）班級經營之應用

每個班級中，教師必須發展出一套明確的教室紀律計畫，包括簡單明確的規則，以及遵守規則的獎賞與違規的處罰，記錄每位學生一天中累積的行為。當然，教師必須營造理想的學習環境，運用果斷的方式來鼓勵學生持續表現適當的行為，而且要促使學生對自己的行為後果負責任，而不只是逃避處罰。

（五）班級經營之示例

例如：吳老師轉身寫黑板時，蔡一琳同學就開始和旁邊的同學講話，此時，吳老師一邊抄寫黑板，一邊說著「蔡一琳你趕快寫聯絡簿，不要再講話了！」吳老師使用的是「全面掌控」的班級經營技巧，對學生的一舉一動瞭若指掌。

獎勵貼紙

積點卡

1	2	3	4	5
6	7	8	9	10
11	12	13	14	15
16	17	18	19	20
21	22	23	24	25
26	27	28	29	30

獎勵積點卡

榮譽卡

增強作用的類型

	喜歡的	討厭的
給予	正增強	處罰
不給予	削弱	負增強

Knowledge 知識補充站

漣漪效應

在班級經營過程中，教師的正負向行為都會影響周圍學生，例如：教師處罰某位同學後，引起班上其他同學的不滿。

消弱法

當同學都很專心聆聽老師說故事時，小明就會發出怪聲音，老師愈是注意他、制止他，他發出怪聲音的頻率就愈高。這時老師應不予理睬小明的不良行為，故意忽略他的不良行為。

行為改變技術的運用

NG

當他終於走進廚房

YES

Unit 13-12 班級經營的重要模式（二）

三、溝通分析模式

（一）代表人物

E. Berne 與 T. A. Harris。

（二）基本主張

撫慰（stroke）是生理和心理的刺激，是個人生存所必需。個人在幼年時期與他人互動，就是透過撫慰來形成自己與他人的關係，此稱為「心理地位」，可分成以下四種：

1. 我好—你也好（I'm ok, you're ok）：能以正向觀點來評價自己和他人，肯定自己也相信他人，能以積極的態度面對生活中的問題。

2. 我好—你不好（I'm ok, you're not ok）：以否定他人來肯定自己，不信任他人；認為凡事都是他人的錯誤，自己不必負責任。

3. 我不好—你好（I'm not ok, you're ok）：總覺得自己事事不如人，遇到挫折就時常自責，對自己缺乏價值感和信心。

4. 我不好—你不好（I'm not ok, you're not ok）：不相信別人，也不相信自己，處於極端的失望和無助。

（三）班級經營的應用

1. 有些學生會經常處於「我不好—你好」或「我不好—你不好」的心理地位，於是在班上會怕出糗、故意惡作劇、做事拖拖拉拉或裝瘋賣傻，教師應該促使學生移向「我好—你也好」的心理地位。

2. 教師要協助學生接納自己，適時激勵學生並提升自我價值感。

（四）班級經營的示例

例如小麗對老師說：「老師你看，大明把我的彩色筆搶走了。」老師說：「你一定很生氣，氣大明把你的彩色筆搶走了。」讓小麗知道老師已經瞭解發生的事並且和她有同樣的感受，然後再引導大明歸還彩色筆給小麗。這是一種積極聆聽的有效溝通方式。

四、現實治療模式

（一）現實治療（client-centered）理論的代表人物是葛蘭塞（W. Glasser），受到人本主義心理學的影響。

（二）基本主張

1. 他認為人是自我決定的，人的行為具有目的性，乃是為了滿足基本的生理或心理需求，並獲得歸屬感、自我價值、自由及興趣。

2. 他認為人要滿足自我的需求，就必須與重要他人在共融的關係中，表現出 3R 的行為：(1) 負責（responsibility）的行為；(2) 正確的（right）的行為；(3) 合於現實（reality）的行為。

（三）班級經營的應用

他主張教師和學生要維持平等對待的關係，因為唯有在溫暖、積極、真誠、接納、不責備及不放棄的情境中，才能有效的幫助學生獲得能力、滿足需求。應用於班級經營的 8 個步驟：

1. 在師生溝通中瞭解學生的需求。
2. 瞭解學生目前在繼續做些什麼。
3. 讓學生瞭解行為得到的結果。
4. 針對問題與學生共擬改進計畫。
5. 讓學生對計畫實踐許下承諾。
6. 在承諾實踐時不容許任何藉口。
7. 不採用懲罰處理學生違規問題。
8. 教師永不放棄教育學生的責任。

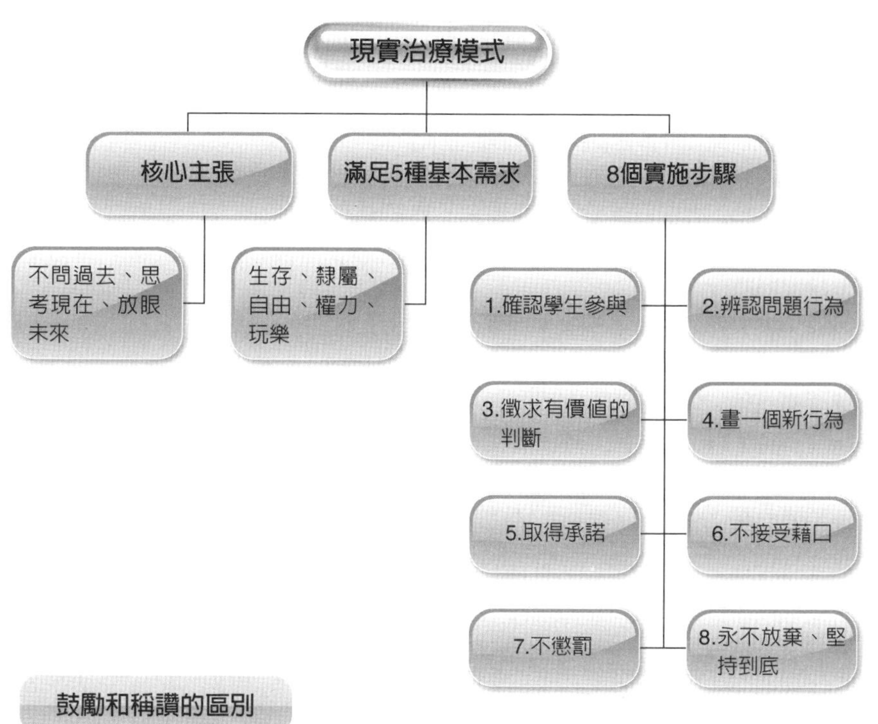

鼓勵和稱讚的區別

鼓勵	稱讚
肯定學生的優點和長處	著重在與他人比較和競爭
強調內在動機	強調外在動機
重視學生努力的過程	重視學生努力的結果
教師不對學生做任何價值判斷	教師期望學生達到預期目標
著重學生的自我激勵和潛能發揮	著重學生表現出好的行為以取悅他人

Knowledge 知識補充站

教師如何在開學兩週內認識學生、記住和叫出學生名字？

◆方法一：玩「蘿蔔蹲」的小遊戲，或是讓同學先幫自己想一個好記的小名，然後告訴其他同學。

◆方法二：根據學生的特徵做歸類、記名字。或是製作學生名單，附上學生的照片，請學生填寫名字和興趣等個人基本資料。上課時也可以使用籤筒來點學生回答問題，籤上附有學生的座號和名字。

◆方法三：利用下課或中午時間找同學聊天或午餐約會，加深印象。

參考文獻

王金國（2009）。正向的態度，正向的教育——正向管教的理念與作法。靜宜大學師資培育中心實習輔導通訊，8，1-3。

王震武、林文瑛、林烘煜、張郁雯、陳學志（2008）。心理學（2版）。臺北市：學富文化。

朱敬先（2002）。教育心理學：教學取向。臺北市：五南。

余芊瑢、朱惠瓊（譯）（2014）。正向心理學（2版）（原作者：A. Carr）。臺北市：揚智。

吳俊憲（2005）。引導社會價值重建的品格教育課程設計。載於中華民國課程與教學學會（主編），社會價值重建的課程與教學（頁97-122）。高雄市：復文。

吳俊憲（2013）。與佐藤學有約——學習共同體為教育帶來一泓活水。靜宜大學實習輔導通訊，15，8-11。

吳錦惠、吳俊憲（2011）。兒童發展與輔導概要。臺北市：五南。

吳錦惠、吳俊憲（2011）。親職教育概要。臺北市：五南。

李新民（2010）。正向心理學教學活動設計。高雄市：麗文。

林心茹（譯）（2000）。自律學習（原作者：B. J. Zimmerman, S. Bonner & R. Kovach）。臺北市：遠流。

林玉体（2006）。西洋教育思想史（修訂2版）。臺北市：三民。

林玉玫（2017）。國小高年級學生正向心理資本課程實施成效之研究（未出版之博士論文）。國立臺南大學教育學系教育經營與管理研究所，臺南市。

林生傳（2007）。教育心理學。臺北市：五南。

林清山（譯）（1995）。教育心理學：認知取向（原作者：R. E. Mayer）。臺北市：遠流。

林進材（1999）。教學理論與方法。臺北市：五南。

洪蘭（譯）（1995），原著H. Glritman。心理學。臺北市：遠流。

唐淑華（2010）。從希望感模式論學業挫折之調適與因應。臺北市：心理。

張民杰（2012）。班級經營：學說與案例應用（3版）。臺北市：五南。

張欣戊、林淑玲、李明芝（譯）（2010）。。發展心理學（原作者：D. R. Shaffer & K. Kipp）。臺北市：學富。

張春興（2003）。現代心理學。臺北市：東華。

張春興（2015）。教育心理學（重修2版）。臺北市：東華。

張春興、林清山（1981）。教育心理學。臺北市：東華。

張新仁、李佳琪、柳文卿、簡良燕（2006）。班級經營：教室百寶箱。臺北市：五南。

郭靜晃（2005）。兒童發展與保育。臺北市：威仕曼。

陳李綢、郭妙雪（1998）。教育心理學。臺北市：五南。

陳嘉皇、郭順利、黃俊傑、蔡玉慧、吳雅玲、侯天麗（譯）（2003）。自我調整學習教學理論與實務（原作者：D. H. Schunk & J. Zimmerman）。臺北市：心理。

陳嘉陽（2013）。教育概論（上冊）（5 版）。臺中市：教甄策略研究中心。
黃政傑、吳俊憲（主編）（2006）。合作學習：發展與實踐。臺北市：五南。
黃郁倫、鐘啟泉（譯）（2012）。學習的革命——從教室出發的改革。臺北市：天下。
黃德祥（1994）。青少年發展與輔導。臺北市：五南。
溫世頌（2007）。教育心理學。臺北市：三民。
葉玉珠、高源令、修慧蘭、曾慧敏、王珮玲、陳惠萍（2004）。教育心理學。臺北市：心理。
葉重新（2011）。教育心理學。臺北市：心理。
蔡啟達（2012）。圖解教學原理與設計。臺北市：五南。
鄭麗玉（2006）。教育心理學精要。臺北市：考用。
鍾聖校（2015）。正向心理情意教與學（2 版）。臺北市：五南。
魏郁華（2015）。臺中市國民小學教師正向管教與教學效能關係之研究（未出版之碩士論文）。靜宜大學教育研究所，臺中市。

國家圖書館出版品預行編目資料

圖解教育心理學／吳俊憲，吳錦惠編著. --
二版. -- 臺北市：五南圖書出版股份有限
公司，2023.02
面；　公分
ISBN 978-626-343-496-7（平裝）

1.CST：教育心理學

521　　　111017411

1IXS

圖解教育心理學

編 著 者 — 吳俊憲、吳錦惠
發 行 人 — 楊榮川
總 經 理 — 楊士清
總 編 輯 — 楊秀麗
副總編輯 — 黃文瓊
責任編輯 — 李敏華
封面設計 — 王麗娟
出 版 者 — 五南圖書出版股份有限公司
地　　址：106臺北市大安區和平東路二段339號4樓
電　　話：(02)2705-5066　　傳　　真：(02)2706-6100
網　　址：https://www.wunan.com.tw
電子郵件：wunan@wunan.com.tw
劃撥帳號：01068953
戶　　名：五南圖書出版股份有限公司
法律顧問　林勝安律師
出版日期　2017年6月初版一刷（共四刷）
　　　　　2023年2月二版一刷
　　　　　2024年5月二版二刷
定　　價　新臺幣320元

經典永恆・名著常在

五十週年的獻禮——經典名著文庫

五南，五十年了，半個世紀，人生旅程的一大半，走過來了。
思索著，邁向百年的未來歷程，能為知識界、文化學術界作些什麼？
在速食文化的生態下，有什麼值得讓人雋永品味的？

歷代經典・當今名著，經過時間的洗禮，千錘百鍊，流傳至今，光芒耀人；
不僅使我們能領悟前人的智慧，同時也增深加廣我們思考的深度與視野。
我們決心投入巨資，有計畫的系統梳選，成立「經典名著文庫」，
希望收入古今中外思想性的、充滿睿智與獨見的經典、名著。
這是一項理想性的、永續性的巨大出版工程。
不在意讀者的眾寡，只考慮它的學術價值，力求完整展現先哲思想的軌跡；
為知識界開啟一片智慧之窗，營造一座百花綻放的世界文明公園，
任君遨遊、取菁吸蜜、嘉惠學子！